海上絲綢之路基本文獻叢書

夷氛聞記（下）

〔清〕梁廷枏 編著

文物出版社

圖書在版編目（CIP）數據

夷氛聞記．下 /（清）梁廷枏編著．-- 北京 ： 文物出版社， 2022.7
（海上絲綢之路基本文獻叢書）
ISBN 978-7-5010-7675-8

Ⅰ．①夷… Ⅱ．①梁… Ⅲ．①廣州抗英戰役 Ⅳ．①K253.1

中國版本圖書館CIP數據核字（2022）第097844號

海上絲綢之路基本文獻叢書

夷氛聞記（下）

編　　著：〔清〕梁廷枏
策　　劃：盛世博閱（北京）文化有限責任公司

封面設計：鞏榮彪
責任編輯：劉永海
責任印製：王　芳

出版發行：文物出版社
社　　址：北京市東城區東直門内北小街2號樓
郵　　編：100007
網　　址：http://www.wenwu.com
經　　銷：新華書店
印　　刷：北京旺都印務有限公司
開　　本：787mm×1092mm　1/16
印　　張：13.375
版　　次：2022年7月第1版
印　　次：2022年7月第1次印刷
書　　號：ISBN 978-7-5010-7675-8
定　　價：98.00圓

總緒

海上絲綢之路，一般意義上是指從秦漢至鴉片戰争前中國與世界進行政治、經濟、文化交流的海上通道，主要分爲經由黄海、東海的海路最終抵達日本列島及朝鮮半島的東海航綫和以徐聞、合浦、廣州、泉州爲起點通往東南亞及印度洋地區的南海航綫。

在中國古代文獻中，最早、最詳細記載『海上絲綢之路』航綫的是東漢班固的《漢書·地理志》，詳細記載了西漢黄門譯長率領應募者入海『齎黄金雜繒而往』之事，書中所出現的地理記載與東南亞地區相關，并與實際的地理狀况基本相符。

東漢後，中國進入魏晉南北朝長達三百多年的分裂割據時期，絲路上的交往也走向低谷。這一時期的絲路交往，以法顯的西行最爲著名。法顯作爲從陸路西行到印度，再由海路回國的第一人，根據親身經歷所寫的《佛國記》（又稱《法顯傳》）一書，詳細介紹了古代中亞和印度、巴基斯坦、斯里蘭卡等地的歷史及風土人情，是瞭解和研究海陸絲綢之路的珍貴歷史資料。

隨着隋唐的統一，中國經濟重心的南移，中國與西方交通以海路爲主，海上絲綢之路進入大發展時期。廣州成爲唐朝最大的海外貿易中心，朝廷設立市舶司，專門管理海外貿易。唐代著名的地理學家賈耽（七三〇～八〇五年）的《皇華四達記》記載了從廣州通往阿拉伯地區的海上交通『廣州通夷道』，詳述了從廣州港出發，經越南、馬來半島、蘇門答臘半島至印度、錫蘭，直至波斯灣沿岸各國的航綫及沿途地區的方位、名稱、島礁、山川、民俗等。譯經大師義净西行求法，將沿途見聞寫成著作《大唐西域求法高僧傳》，詳細記載了海上絲綢之路的發展變化，是我們瞭解絲綢之路不可多得的第一手資料。

宋代的造船技術和航海技術顯著提高，指南針廣泛應用於航海，中國商船的遠航能力大大提升。北宋徐兢的《宣和奉使高麗圖經》詳細記述了船舶製造、海洋地理和往來航綫，是研究宋代海外交通史、中朝友好關係史、中朝經濟文化交流史的重要文獻。南宋趙汝適《諸蕃志》記載，南海有五十三個國家和地區與南宋通商貿易，形成了通往日本、高麗、東南亞、印度、波斯、阿拉伯等地的『海上絲綢之路』。宋代爲了加强商貿往來，於北宋神宗元豐三年（一〇八〇年）頒佈了中國歷史上第一部海洋貿易管理條例《廣州市舶條法》，并稱爲宋代貿易管理的制度範本。

元朝在經濟上採用重商主義政策，鼓勵海外貿易，中國與歐洲的聯繫與交往非常頻繁，其中馬可•波羅、伊本•白圖泰等歐洲旅行家來到中國，留下了大量的旅行記，記録元代海上絲綢之路的盛况。元代的汪大淵兩次出海，撰寫出《島夷志略》一書，記録了二百多個國名和地名，其中不少首次見於中國著録，涉及的地理範圍東至菲律賓群島，西至非洲。這些都反映了元朝時中西經濟文化交流的豐富内容。

明、清政府先後多次實施海禁政策，海上絲綢之路的貿易逐漸衰落。但是從明永樂三年至明宣德八年的二十八年裏，鄭和率船隊七下西洋，先後到達的國家多達三十多個，在進行經貿交流的同時，也極大地促進了中外文化的交流，這些都詳見於《西洋蕃國志》《星槎勝覽》《瀛涯勝覽》等典籍中。

關於海上絲綢之路的文獻記述，除上述官員、學者、求法或傳教高僧以及旅行者的著作外，自《漢書》之後，歷代正史大都列有《地理志》《四夷傳》《西域傳》《外國傳》《蠻夷傳》《屬國傳》等篇章，加上唐宋以來衆多的典制類文獻、地方史志文獻，集中反映了歷代王朝對於周邊部族、政權以及西方世界的認識，都是關於海上絲綢之路的原始史料性文獻。

海上絲綢之路概念的形成，經歷了一個演變的過程。十九世紀七十年代德國地理學家費迪南・馮・李希霍芬（Ferdinad Von Richthofen，一八三三～一九〇五），在其《中國：親身旅行和研究成果》第三卷中首次把輸出中國絲綢的東西陸路稱爲『絲綢之路』。有『歐洲漢學泰斗』之稱的法國漢學家沙畹（Édouard Chavannes，一八六五～一九一八），在其一九〇三年著作的《西突厥史料》中提出『絲路有海陸兩道』，蘊涵了海上絲綢之路最初提法。迄今發現最早正式提出『海上絲綢之路』一詞的是日本考古學家三杉隆敏，他在一九六七年出版《中國瓷器之旅：探索海上的絲綢之路》中首次使用『海上絲綢之路』一詞；一九七九年三杉隆敏又出版了《海上絲綢之路》一書，其立意和出發點局限在東西方之間的陶瓷貿易與交流史。

二十世紀八十年代以來，在海外交通史研究中，『海上絲綢之路』一詞逐漸成爲中外學術界廣泛接受的概念。根據姚楠等人研究，饒宗頤先生是華人中最早提出『海上絲綢之路』的人，他的《海道之絲路與昆侖舶》正式提出『海上絲路』的稱謂。選堂先生評價海上絲綢之路是外交、貿易和文化交流作用的通道。此後，大陸學者馮蔚然在一九七八年編寫的《航運史話》中，使用『海上絲綢之路』一詞，這是迄今學界查到的中國大陸最早使用『海上絲綢之路』的人，更多地限於航海活動領域的考察。一九八〇年北京大學陳炎教授提出『海上絲綢之路』研究，并於一九八一年發表《略論海上絲綢之路》一文。他對海上絲綢之路的理解超越以往，且帶有濃厚的愛國主義思想。陳炎教授之後，從事研究海上絲綢之路的學者越來越多，尤其沿海港口城市向聯合國申請海上絲綢之路非物質文化遺産活動，將海上絲綢之路研究推向新高潮。另外，國家把建設『絲綢之路經濟帶』和『二十一世紀海上絲綢之路』作爲對外發展方針，將這一學術課題提升爲國家願景的高度，使海上絲綢之路形成超越學術進入政經層面的熱潮。

與海上絲綢之路學的萬千氣象相對應，海上絲綢之路文獻的整理工作仍顯滯後，遠遠跟不上突飛猛進的研究進展。二〇一八年厦門大學、中山大學等單位聯合發起『海上絲綢之路文獻集成』專案，尚在醞釀當中。我們不揣淺陋，深入調查，廣泛搜集，將有關海上絲綢之路的原始史料文獻和研究文獻，分爲風俗物産、雜史筆記、海防海事、典章檔案等六個類别，彙編成《海上絲綢之路歷史文化叢書》，於二〇二〇年影印出版。此輯面市以來，深受各大圖書館及相關研究者好評。爲讓更多的讀者親近古籍文獻，我們遴選出前編中的菁華，彙編成《海上絲綢之路基本文獻叢書》，以單行本影印出版，以饗讀者，以期爲讀者展現出一幅幅中外經濟文化交流的精美畫卷，爲海上絲綢之路的研究提供歷史借鑒，爲『二十一世紀海上絲綢之路』倡議構想的實踐做好歷史的詮釋和注脚，從而達到『以史爲鑒』『古爲今用』的目的。

凡例

一、本編注重史料的珍稀性，從《海上絲綢之路歷史文化叢書》中遴選出菁華，擬出版百册單行本。

二、本編所選之文獻，其編纂的年代下限至一九四九年。

三、本編排序無嚴格定式，所選之文獻篇幅以二百餘頁爲宜，以便讀者閱讀使用。

四、本編所選文獻，每種前皆注明版本、著者。

五、本編文獻皆爲影印，原始文本掃描之後經過修復處理，仍存原式，少數文獻由於原始底本欠佳，略有模糊之處，不影響閱讀使用。

六、本編原始底本非一時一地之出版物，原書裝幀、開本多有不同，本書彙編之後，統一爲十六開右翻本。

目録

夷氛聞記（下）

夷氛聞記（下）

卷四至卷五

（清）梁廷枏 編著

清光緒十一年刻本

夷氛聞記卷四

九月

命宗室大學士奕經爲揚威將軍侍郎文蔚副都統
特依順爲叅贊收城剿賊廣東巡撫怡良以
欽差大臣馳赴福建河南巡撫牛鑑擢督兩江琦善
已議罪下詔獄出之使効力軍前舉人臧紆青者宿
遷人有智畧爲奕經所知至是招商軍事首勸先奏
召則徐於工次令其來浙勦辦而止琦善斬余步雲

福建軍官並如江浙例歸將軍節制皆目前切要事也奕經故謙讓終以爲迹涉自專不敢用其說但奏止琦善隨

命荷戈出塞（夷事竣歲終即以四品侍衛代爲葉爾羌幫辦大臣後仍復封疆節鉞）紆青又建議浙兵屢受挫敗士氣不揚宜別調川陝豫三省兵六千爲新軍遣員募選魯汴江淮勇士萬人加以沿海漁蛋與近場鹽梟並及江湖土盜二萬分其名爲南北勇以南勇備耳目而北勇壯其膽氣使

分伏定鎮甯波三城不區水陸不合大隊不剋期日水乘風潮陸匿叢莽或伺伏道路見夷即殺遇船即燒重懸賞格隨報隨給人自爲戰戰不擇地務令往舟登岸諸夷出入步步疑忌驚惶所在皆風聲鶴唳俾其魂飛氣餒然後賊以大軍伏舟港口內外交偪而盡殲之又以三城多通賊奸細請令浙之官京師者各保舉其鄉紳士耆民拔人密授方畧使各率士勇分伏預爲內應爽經皆如議奏陳得

旨諭奕經先前駐蘇州城兵勇如未大集毋遽赴浙
杭致使夷知有備十月抵蘇隨員楊熙聯芳阿彥達
侍衛容照並少年得志蘇城故金粉衚花地歌衫舞
扇最足動人豪興所携僕隸未諳師中犯律受供猥
率如平時不及加意裁抑一時人多費重訛言聚起
奕經頗有所聞慮遂影響傳播遽促移營嘉興以二
十二年正月初吉赴杭州留特依順駐守文蔚出渡
曹江十六日奕經前駐紹興兩人者先於臘之望夜

同夢夷黨悉棄陸登舟聯帆出海甯波三城已絶夷跡追偵探果有運械歸船之事以爲佳兆昭著連城恢復在指顧間於是定議剋期進剿預計兵至民舍必遭焚刼戒諸軍入城毋載火器但聽城內首奸爲應縛其酋挾以執欵自意策及萬全矣浙地冬雪較往歲深且數尺入春又連旬霪雨小舟引火物既濕燕不可用官軍以三城隔洋地廣布置未周請緩至二月中旬而後進奕經意鋭甚僅許展至二十八日

下令統兵者遇夷則排陣對壘紆青初議所謂遇便散攻人自爲戰之法已變而不用二十二日黑夷持書至三江口約戰大意謂如不敢戰則還我烟價因內地百姓尙知就我交易故未即長驅至耳今必以定鎭廈門爲市地如香港方肯罷兵語狂悖如前將軍還其書調提督陳偕平挈壽春兵六百守三江總兵李錡挈六百守歷海越二日進駐會稽車關鎭又進駐餘姚原千總張天台賜首盜能飛簷走壁者六

七十人偕藏藥衣枕之丁壯先期陸續混入甯城出入者被獲二十餘人雖釘之然仍不甚搜查購夷奸郭大耳安得撥羅濮丹等重賞有差夷聞官軍勢盛甯波一路悉令夷目捨城還舟留大礮城上守以夷兵數百候拒我兵之至西門者鎮海一路則驅夷兵盡劉招寶山便俯擊我兵之入城者師期既預洩故夷得及早爲備爽經營於紹興之東關者三千人文蔚屯慈谿二十里之長溪嶺者四千五百人分其半以屬副將朱桂參將劉

天保屯西門外之大寶山使遜圖鎮海提督段永福既爲粵翼長潰失天字馬頭至是在浙率四千五百人半伏甯波城外半屯大隱山備攻甯城爲第一隊壯勇則泗州知州張應雲領第二隊城紳杜寶辰領三隊其鎮海甯波屆中地曰駱駝橋者亦令副將謝天貴率兵千餘駐焉步雲亦率三千人駐奉化時鄉勇析分水陸在陸者令其沈船梅墟隔絶甯鎮兩地夷船來往俾不獲自爲連絡應雲實統之别令楊熙

率勇伏於上虞爲之應在水者則專駐乍浦雇漁舟潛渡岱山圖定海且俟夷船敗出窮諸海而攻焉海州知州王用賓實統之處州總兵鄭國鴻既殉定海之難矣其子鼎臣志切復仇投軍自効帶定海水勇多挈火具伺攻夷船布置粗定陸路兵皆按期乘夜冒雨而進抵甯城已晡霽永福出所屯五百攻西門千總陳兆平勇目薛舉各率兵勇以從城內伏者起毙守門夷賊釘塞城上礮孔奪門啟而俟之二十九

日午西城內夷使漢奸冠五品頂加翎迎我兵大呼謂夷先走東門出宜亟追勿失我兵莫能別又察在城夷少相率以入應雲寶辰所伏勇偵知夷奸目郭大耳匿府署樓轉夷礮向樓擊放火燒署夷驚呼巷戰多死繞北門出我兵後夾戰山西勇六七百擊碎南門外輪船卽入南城適遇地雷轟發遽退出永福亦中火箭我兵死傷過半他夷踞街樓登屋夾街擲火如雨牆高巷狹我兵仰攻復不利無所施力且戰

且卻舉力護永福退至城外後隊適至知我兵敗不
敢握城以拒夷追至大西圳永福竟趨東關不復退
保原駐之大隱步雲中道聞敗信終夜吁喘疾奔而
甯波城遂不可復矣鎮海城雖有內伏苦人數無多
至期亦已開門待自顧勢弱不能縛賊天保與桂初
約先後發天保自大寶山率河南勁勇五百先至依
軍令未滿火器之攻具亟令出城運取鎗礮往返需
時取至則天正黎明招寶山夷礮已齊發俯擊我兵

猶猝竄出城外桂統兵後起半道風雨迷失不得如約至而鎮海城遂不可復矣兩城雖敗軍士尚傷亡無幾桂仍率陝甘兵千二百還屯大寶山右友保收竄出之河南勇五百還屯大寶左應雲亦率原領兵勇還守慈谿既而文蔚調應雲詣奕經營商軍事慈谿守勇無主一時潰散夷以三十日闖進去甯三十里之故墟我兵擊破其三板船三獲白夷三二月初二日夷輪船三至慈谿之城山渡燬我火舟十餘械

舟三初四日輪船至姚江焚我火舟數十慈谿城外獲白夷夷衆蜂湧來奪三江守兵見者皆逃夷兵數千復自慈谿登陸越十餘里攻大寶山仍自撤其來船止中途返者噪令奮力前意在必勝桂督扛礮兵四百與戰自辰迄未我兵匿崖石樹林自蔽斃夷兵四百餘夷目巴麥尊亦被殺我兵無傷者夷旣深入船先撤欲返不可懈而怯且甚矣此時倘得一生力軍夾擊可覆滅其全隊而謝天貴兵不至應雲慈谿

之勇又潰不復集天保兵火器失於鎮海之戰者多徒守天寶山左不敢張空拳下山尾賊後文蔚所駐之長溪嶺故與大寶山距近十餘里桂請增兵數百爲援不許及暮僅發兵二百而夷已分四百越旁港出我兵後桂至是前後受敵父子同死難天保兵亦同時驚散其乍浦所募漁舟已渡岱山者萬餘人分伏港汊亦用容照議悉撤之槩爲夷用文蔚孤軍屯嶺上隨員僉謂險無足恃防夷夜攻力勸棄軍而去

冠海記容照聯芳等請文蔚棄軍宵遁沿途賞與夫賞舟子惟恐夷追及棄輜重器械山積反奏營被漢奸宵燬其實次日薄暮夷尚未至鎮也又天保軍僅傷七人而奏言全軍覆没脫回七人大寶山之死以百爲千語不知何據於是長溪嶺之兵亦潰軍資盡矣三城地殘破已久夷意無所留戀而上虞慈溪以上又勢難奚入江口咫尺一帆可達議者每虞其北擾其時軍聲不振夷志益驕有請移營上虞選新到未受驚挫之兵出與決戰誘之深入重地一戰不勝則增兵再戰務綴其後爲之牽制使無暇改圖而北庶幾可奪

其驕矜之氣杜其貪索之謀因遂乘便乃可徐與議款若但畏避不出適以堅其出海入江之本意而已當時大帥不用其策而誤聽軍報以慈溪夷兵登岸竟至萬有七千奏不知夷自倡亂以來從未聞有此兵數其國先後來船七十餘暎咭唎實分廈門之二十餘船再擾舟山合兵船商艘計之所雇漢奸並雜其內矣當時訛言失實徒張敵勢喪師辱國之舉良由前途探者虛詞塞責有以致之也先是暎咭唎分

其廈門三桅船三同至臺灣窺伺其二阻風停泊未至惟呵唊萬等一船先抵臺洋入雞籠口爲我兵擊破二十一年八月十六日事其一船繼至怒求贖夷俘不遂突撲二沙臺二十一年九月十三日事臺郡守禦愈益嚴密達洪阿姚瑩以籌議方畧要端有五會奏一塞港二禦礮三破其鳥鎗四守城五稽察奸民二十二年二月奏云一曰塞港近時塞港之法各省皆有講求當各因地勢而用臺郡近城惟國賽港與三鯤身之新港最爲寬深新港現用大竹簍及木桶載石填塞國賽港則以不堪用之哨船數隻並製大木籠千餘箇載石堆貯水中攔其大小船隻港

內岸上均設兵勇守之至四草與安平大港對峙安平為重兵所在而以偏師扼守四草港內復製大木排四座上架大礮攔截港門更製二丈長大木鑽數百枝上安大鐵鑽帶鉤貫以藤條橫浮水上以罣其船此塞港與守港之法也二曰禦礮沿岸建設石壁外以竹簍貯土堆作礮堆或用大竹簾夾築土牆長數十丈及百餘丈不等其下更挖深溝或埋釘桶竹簽或布鐵蒺藜臣達洪阿近更製地雷數十處埋伏以待三曰破其鳥鎗水中用竹筏上張木架懸掛牛皮棉被使水勇乘之以進岸上則於藤牌之外新添翻被架五十名為一排後藏小銅礮抬礮抬鎗可以破其鳥鎗火箭火鏢又練翻被手其法用五十人為隊手執水濕棉被張其兩角兼執兩刃排列而前長矛鳥鎗隨進較藤牌更為得力四曰守城臺灣郡城逼近海邊安平即保西城三郊商賈雲集之所向有礮臺三座近更加築堅厚復圍建木柵七百餘丈守

以義勇城內八坊八十二境諭令紳士鋪民每段樹栅自選壯丁稽查嚴守現在送册亦五千餘人此彝防郡城內外之大概情形也五日稽察奸民夷雖猖獗皆由所在奸民勾引廣東厦門甯波本洋商所豢通市已久無賴之徒素食夷利故爲之用臺灣向無洋商夷船不到似無此患而民情不靖則其患更深昨獲鳳山逆匪張從竟以廣西逃軍在廣東與通夷奸民勾結回臺糾人爲夷接應幸逆黨首從伏誅該逆爲臺灣縣知縣閻炘所獲並究出夷用漢奸劉相蘇旺爲之主謀本年夷酋嘆吼喳復自定海遣夷目顛林偕漢奸黃舟等以重貲來臺窺探欲行勾結又即破獲而南北兩路匪徒上年復痛加殲剿惟是逆夷既屢次失利懷恨轉深果否遂能戢其邪謀尚在未定臣等益當督飭文武隨時嚴密稽查以防意外之虞且夷囚現在郡監一百六十八名解省既有不可久禁亦非善計經奏請 訓示設未奉到

硃批同而大幫猝至惟有先行正法以除內患是爲要着以防大幫夷船猝至請
別籌經費五十萬得
旨褒俞二十二年正月二十六日三桅夷船三在五
汊港外洋向北而駛時方以御史福珠隆請查訊臺
獲罪夷録咀莉啞等供詞奏覆盡得其窺伺臺灣情
事請決禁者於臺福御史原奏解省訊辦而達鎮姚道並以現乏官兵配船解送恐洋
面夷船截獲請照原議即行在臺正法原屬實在情形然未解省訊夷日後得以生端矣二月三
十日三桅夷船一帶三板船四在淡彰交界之大安

港洋面挾粵奸黃舟等七人持奸目劉相蘇旺書至
將招臺內逃匪張從等勾結爲夷內應覓機便入口
同知曹謹魏瀛通判范學恒知縣黃開基副將關桂
游擊安定邦率兵堵禦別在港口迤北土地公港設
伏夷船畏軍容整肅遽退巡檢高春如謝得琛預雇
漁舟駛近夷船使粵人周梓等以土音與舟問答舟
許以重利令其指引海口梓即誘從土地公港進旋
爲暗礁所擱擱船傾側入水夷兵正擾攘間伏勇齊

起搖盪水勢夷船不能開駛官兵發礮奮攻又急切不能裝礮回拒船立破夷衆墮水淹死無數有跳三板竄者復有數十夷持短械跳上漁舟欲奪以逃者兵勇合力圍擊殺紅白夷數十生擒十九黑夷三十粵奸五所獲鳥鎗腰刀皆鎮海甯波營械
上得去冬奕山在粵奏逆夷曾聲言馳駛回國添派兵船於明春大至臺灣
諭詢洪阿瑩計大隊夷船萬一果復至如何定謀決

策操必勝算並令查訊夷俘五汊港北去二船究駛何地此次擾臺船從何來取供後與上年獲禁百三十餘夷提同從逆奸民均即正法其夷目仍暫留禁錮勿殺　按夷用鳥鎗不拘雙單皆以機聲火日自來火與內地用火繩不同鎗口旁有尖小刀長出內營所繳今獲鎗七杆有浙江營鑴號據顛林供望遐來船十九隻顛林在其內帶大三板二小三板一管稅官馬哩監發銀十二萬置備烟土及呢羽到廣東匪現獲之奸民黃舟鄭二轉邀陳威張廣張有並跳水在逃之唐高陳二在船上年十二月噗唎喳聞本國兵船在雞籠被兵擊破隨叫顛林兵船多隻與黃舟來探相機行事劉相蘇旺寫信交黃舟帶與臺灣張從噯同顛媽來陳惡在地勾結為應游奕數

日不見張從等接應不料擱淺被獲銀物落水據此
則顛林等以商船載兵隨噗吶喳至浙打仗故船有
營鎗又訊供張從鳳山人十八年從逆配廣西賴媽
來嘉義人十二年從逆配貴州陳惡鳳山盜犯配新
疆逃回聽從劉相蘇旺同臺斜人內應黃舟鄭二俱
香山人在望邁與夷熟識投為漢奸蘇旺劉相陳咸
俱番禺人張廣順德人張有南海人凡投充漢奸俱
奸目蘇旺劉相薦引寄張從原信縫領掛夾層被獲
遺失三月滬尾中港五汊港番仔埤諸洋有夷船一自
北而南復自南轉駛草烏船十數或尾其後或為引
導滬尾漁舟有被牽去放還者夷詢以滬尾水門深
淺甚詳瑯璚生番山後大秀房洋面亦泊夷船六其

一游奕打鼓港洋面草鳥數船亦隨之見兵即向西南而駛黑水外洋亦望見夷船十別有草鳥匪船駛至四草湖口官兵擊沉其二餘即駛遁其夷船亦先後由南向北去三月十八至二十五六日事二十二日夷船一帶草鳥數船在樹苓湖口外窺伺兵勇又擊破其近岸者二夷船在洋面開礮應之礮子皆落水旋去越日草鳥船八復至擊沉其三溺斃多賊獲夷皮盔一內營鳥鎗一鐫年字二十七號爲廈門水師所失土賊林山等各備草鳥

船俟夷幫齊至糾結其黨以應別有賊黃勸等亦出草烏十餘已與夷約為嚮導先留夷壓於其船為質成相謝之驗皆為縣營獲而夏秋間乘郡戒嚴肆掠洋面之盜賊亦分起弋獲計夷船先後凡犯臺者五而擊走者二潰遁者一破舟斬馘者二卒不復誰何益知其守備之嚴無懈可窺馴至受撫不敢再圖入擾臺地矣八月初五日國賽港外洋三桅夷船一自西南來泊馬沙溝由西北去初九日在鳳山打鼓洋過四鯤身四草湖向外洋去望見師船即竪白旗不敢近岸皆畏避之據奕經文蔚

既以二月還駐杭州戰火諸船盡撤獨尉臣以父仇未報不肯聽令仍聯火舟圍燒夷船（語詳後）隨員皆請治以軍法奕經念尉臣意出忠孝不爲已甚諾而不行臧紆青憤已計不用而諸將又非可恃也暴怒傷肝眇其左目將歸醫入辭奕經甚力奕經終以左右無運籌決勝之人一時智士無出紆青右者堅不使去紆青既留請復行伏勇散戰法議數日乃定是月十六日再渡江分檄諸路之帶兵勇者副將託金太

游擊高峻勇目王建功等各以計密授其衆俾得隨宜自効於是兵勇仍伺夷出入驟起刺之隨處驚擾凡殺黑夷三百餘擒夷目四白夷五十餘縛而獻於甯波自是夷每見兵勇坌至莫敢迎拒紛逃歸舟又獲漢奸之爲夷主謀者二餘奸聞之盡解散梟臣以三月朔聯火舟數十圍夷巨船於岑港攻而焚之又分所部攻其三巨船於別港亦焚之盡小夷船來助救者十餘或焚或沉無片板存者先後焚溺夷兵五

六百副將鄭宗凱守備徐槓寶等亦乘風雨大作密出火舟七十餘駛近夷船擲藥罈燬其船首我船連排繼進火焰飛騰四面攻搶喊殺夷船多被焚燒溺死者又三百餘同時建功等在定海口頭門搶擊擲鏟焚奪其船殺夷目丁時儀之弟（初八日事）鎮海令葉堃亦率勇火攻夷船於縣屬海口時巡撫劉韻珂意在覊縻奏請仍命伊里布至浙主款勿殺零夷遣者罪之會奕經以海港焚攻夷船奏

賞復雙眼翎文蔚亦復一品頂戴有以愚臣等虛報
邀功言於龔珂方奏請驗實愚臣具四大艦盡載所
獲夷級衣械及擊碎船板送核且有不實甘當軍法
語事乃白終受獎
上命宗室尚書耆英署杭州將軍爲
欽差大臣與叅贊齊慎赴浙兵勇自奉不許殺夷之
令所裁水勇復受夷雇轉爲鄉導夷日造小舟如内
地蛋船式求渡淺水遂以船出海而入江擾及松江

天一閣者范氏藏書樓世守至今宋以來圖籍咸具夷至取所藏一統志而別購內地之黃河長江兩圖畧識地里與江河梗概先是上年甯波失守夷即歸報其國女王令再往天津求得埠地通商即止至是月之初旬夷之留甯波者得國信有行意紳官皆未之知也隨索其地犒軍銀百二十萬員退出甯城會各路兵勇大加焚剿夷亦倉皇失措果以二十六日登舟越日奕經乘諸路勝夷氣壯以大兵來收復而

夷適走其在鎮海者亦以四月初一日下舟北去留夷兵千餘分四舟仍據守定海及錢塘江口龜豬二山而不敢窺杭者知近年灘潮淤淺防擱阻如福州也初九日突犯乍浦副都統駐防其地夷先整陣船上排列而進隨進隨開礮都統長喜率旗兵出拒夷遽以小舟分路登岸直攻東門陝甘客兵以扛礮擊之傷夷兵甚多遂轉至南門力攻踰城入盡焚滿州旗營長喜見營中火起知事勢已失不復能抵禦投

水盡節彼救出旋復投入死焉乍浦兵力未嘗單弱又先集有福建水勇爲備旗兵率橫暴平素蔑視土人臨時每指摘以爲漢奸卽水勇新至亦不堪其辱已人人切齒積憤甚深戰正酣驟舉火爲內應拒賊僅數時遽報失陷兩年中所備軍資一時喪盡標兵有未及交綏見而奔潰者副將哈拉吉那被戕傷重同知韋逢甲亦帶勇西行防堵受傷被擄不屈死惟兵備道宋國經退走嘉興會城聞而戒嚴夷駛輪船

游奕尖山口外嘉興府平湖海鹽二縣水道相通小舟可入民心驚惶失措勢屬危急撥陝甘兵一千分往防守並俟河南廣西兵到境截留同出守衛

上聞諭酌留將軍叅贊中一人駐曹娥江餘統將備弁兵速爲應援十八日乍浦夷臨岸列隊撥中夷亦絡繹出相與鼓吹登舟越日二十餘船悉泊小軍山旋開行而東小軍山界交江浙去乍浦近益擾入長江之志已定於此矣

上以乍浦兵潰被破不過頃刻追咎潰散之由實余步雲有以倡之屢走屢失城池未議重譴遂使人人各懷儌倖相率效尤嚴旨拏解治罪並查懲其首先嚴旨拏解治罪伊里布諳乍浦夷舟賂商受欵退兵事無如夷當逞勝而驕又窺見我軍怯狀所要求多不可行議不成而返頷珂意夷重得前俘還之仇當立解從此可與銷兵矣隨奏出所獲白黑夷於獄載乍浦以歸之夷至而夷船先期啟盡又改道而遠送

諸鎮海俘還船不謝受者亦嘿無一言以復二十年粵南海村民有獲白夷目解官者林公令禁之西洋代請不釋踦相至以夷日益肆虐出所禁夷將以還義律令司獄偕至節署入見但义手恐懼直立不拜問之不言告以送還之由亦不答也留堂側令巡捕官飯之吏不謝而出其保強與此同當夷之離甯波也諜者謂聞國急耗以所屬印度地有警不得不去者盜邊西有小國曰廓爾喀在我後藏之南與披楞部西隅小港英夷據有孟阿臘畤外部稱之曰第哩巴寮以利誘披楞屬焉乾隆中廓夷併有其鄰哲孟雄部緣交易擾及藏境旋畏

天威悔而求貢既又叛服不常五十七年軍帥福康安海蘭察征之檄哲等諸郡協力助攻廓夷因索援於孟酋曰梁爾那爾者辭以國人市粵恩厚義難背逆拒不爲應更兵襲其南鄙英夷貢表陳及是事廓夷遂卑詞表求內附披又嘗積貽廓王珍寶約親啟疑而啟以囚中機礮發而囚死由是積與披部有隙哲部越披即後藏地中一山頤險峻有道僅容羊行英夷鑿而寬之可由披達藏初廓王溺愛其次妃

子觸正妃恨置毒殺焉觭死狀誅其臣畢興（貴官稱大嶠基）有烏大巴興者畢興姪也入披請兵護以還廢王攺立正妃子凡治畢興獄者悉殺之籍及入貢

中朝充使之兩嶠基使還不敢入亦逃於披為廓夷所忌潛使人詣我駐藏大臣言闢第哩巴察之莫斯黨（頭目也指義律）與京屬打仗願假我餉得助擊之大臣不知第哩郎謂孟阿臘京屬謂廣東也奏奉查覆得前大臣和泰庵西藏賦註稱西南徼外大國以為蠻觸

不必問也助餉廓夷之議遂寢及英夷疊犯閩浙廓知孟地空虛自起兵乘間掩襲大勝之擄獲無算英夷兵船方遠集中國耀兵待款欲全師還救又徘徊慮中國訓練嚴防再至幾頓失僅分船還至孟以粵所得貲厚賂廓夷贖還所擄男婦千人就與約和而消其釁此二十二年事也中國因他市來者畧有所聞而未詳審其故英夷尤秘不以告人也至是忽駛離甯波適會其時粵中好事者遂競傳孟阿臘夷埠

廢恇士番久苦英虐不敢違今復緣出兵故括其貨
舟勒派其子弟爲伍洶洶勢不可終日因乘其兵行
守虛譟起突攻而盡殲其衆殺顛地之弟某奪復其
舊據鴉片稅埠酋馳輪舟倍道趨粤亟召夷兵之泊
甯波者踉蹌返救粤憤夷甚作閙謠言紛紛傳述幾
於萬口一詞五月二十二日姚石甫觀察覆怡撫亭督部書云聞夷人孟阿臘地方屬爲東印度國所敗擄其將士婦女千餘夷必同兵往救若我更益恃三月夷將爲嘖惟諸將疊經挫衄之後怵於夷之威詐未知能及此否又八月初八日覆云聞廣東有言英夷國已空虛孳夷不服所爲頗多與怨

似有內潰之形乃轉掠商艘以助其勢外益夸張內
實急迫米利堅謂 天朝不可墮其術中此言又
與職道前月所陳不無脗合我但守口岸不與海上
爭鋒內查奸民誅之不事姑息再持數月夷將自潰
據此則當時臺灣亦有是言海外傳聞不獨粵人矣
官都中者聞而信焉粵人
御史蘇廷魁講經濟最留心時務見機有可乘將有
以慰
聖心也即據所聞入告請就此時先修虎門礮臺資
他日抵禦築城東大沙河堤營龜岡東岸時耆英方
以

欽差大臣馳及嘉興
上命特依順代杭州將軍促耆英改赴粵確查印度
及夷船回帆虛實令相機攻滅香港重整海防未至
而夷船已大隊犯江左復
命回江堵禦是時虎門礮臺尚阻於夷未得修復香
港新爲海盜藪夷駐兵千餘盜目倚爲聲勢各設堂
號沿海刼掠商漁滿載則歸泊香港夾山等設法招
徠漢奸爲之剴切曉諭動以天良投還者凡三千有

奇盜目之投首爲官用者逾半羣願立功自贖請與修諸臺而各率其首黨拒夷虎門外糾合香港漢奸爲內應乘冬月潮縮月晦出夷不備突攻尖沙夷船使表裏受困一鼓殲旃奕山心動以商於瑣瑣事持小心始終謹慎自惜乏權宜濟變才海事更非所素習初尚守則徐由內及外次第舉辦之議既目覩夷但擾閩浙絕不與粵爲難因循久隱有順時聽天意懼釁端再啟觸夷怒勢不可收特微言勸止其事山

亦不再言而不知屢奉
嚴旨復虎門攻香港將以牽制閩浙之夷
聖意固大有在而轉以船械未備爲言其運石塞海
不過一時從權非經久制勝之大計遂鐫職還都六月
革御前大臣左都御史伯燾亦緣廈門夷船未能剿辦革職而
代以怡良矣五月初三日夷船闖入吳淞口奕經聞
北援之報馳檄令暫事羈縻夷已突攻寶山寶山舊
設礮臺正當大流入港之口高下適中無突出水上

四面受攻患縣城亦去淞江口不遠知縣周恭壽號知兵建議以臺城兩逼汪洋惟口內東溝江灣並號險隘可扼以固守欲棄海口但設伏口內誘夷至擊之總督牛鑑不能用其策而步雲前在招寶山所領見賊即潰之徐州殘旅至是又使總兵王志元領五百以守小沙背素藐紀律日以詐索恐嚇爲事民被騷擾夷未至已鬨然無固志恭壽請撤而易他兵實防民心激變亦不從初八日提督陳化成率游擊張

薫在南門外海塘與夷戰化成久歷海洋先二年擊閩海夷受傷隨調江稔知水師恇怯不可用選閩中親軍敎練之兵志頓奮厲防亦嚴密夷在吳淞畏化成不敢躁入潛購漢奸間道伏覓便焚其藥局爲所獲甫縛斬而夷船適進礮懸桅上彈子從空飛下對擊良久我兵運巨礮轟沉其大船二三桅船檣亦被擊折溺死夷兵二百餘夷更厚集火箭隨礮急攻烟燄騰溢較場附近民舍轉盼延爇彈箭所着屋瓦亂

飛同時灰燼將臺亦壞化成曷勵將士悉力拒守鑑初聞提自出督戰與化成分守海口夷再入飛礮及山鑑失色知勢不利忽遽旋城方移動而所督諸軍皆尾而潰走夷遂乘勢大進更以小舟繞至小沙背徐州兵望風先逃化成覩軍不及百手燃巨礮擊賊臨危猶破一舟志元亦遁化成中礮死（諡忠愍）恭壽領勇二千力既孤懼賊圍亦與塘兵及東礮臺兵一時並潰寶山陷鑑北走嘉定上海震驚參將繼倫急猝

走松江上海兵備道巫宜禊知縣劉光斗相率以從獨典史楊慶恩投水死水勇無軍令約束則相聚爲盜焚掠難民及夷七八船駛入上海城市已空無焚烟又二日輪舟二挈三板四五至松江壽春總兵尤渤光相度達城八里之港口沉塞壞船須陜甘兵二千以守教兵伏避夷礮俟礮轟盡然後發以擊之夷連燕礮數千無中者對擊至半日夷力懈自退越日又至相持如昨復力盡退出松江之得免夷難賴此

輪舟沿道量水至泖湖雇漁舟避沙線引入將窺蘇州輪爲草膠遽舍去至二十日遂退離吳淞而駛入大江矣耆英與乍浦都統伊里布求款夷居間者頗難其人知洋商伍敦元夙爲英夷深信思差出與周旋慮其懼事後指摘必將以老難跋涉辭咨粵派員送其子弟赴江未至急不能待常州鎮道請守鵝鼻嘴鑑又以長江沙路屈曲夷船萬不能深入却之江蘇巡撫梁章鉅方引病卸任二月居刊上與運使但

明倫言夷猖獗必犯長江則瓜州一帶口門當預爲
計楊州富厰都轉莞度支儘可挹注今大江兩岸口
裡滿號潛艘不下千百宜預調至橫塞江口鑄鐵索
聯爲巨栅艚內伏兵設礟火器從頭艙中穴孔以待
再集捆鹽夫丁一二千寻以械船使并力堵禦以廢
船爲前茅捆徒爲後勁四十里外得此兩層扞隘夷
未必能飛渡明倫深然其説方調晝間而夷已挾沙
船引其輪舟漸次駛進見諸險全未設備而近水可

以設伏之叢薄荻港皆虛無兵礮遂以六月八日直薄瓜州以城空過不入越江路六百餘里逕抵鎮江鎮居江甯下游枕北固山運河繞其右守以重兵實有險可扼時鑑已至江甯副都統海齡率其駐防兵千餘合綠營兵六百守鎮江下令禁富戶出徙犯者殺兵緣是奪行人財物虛傳城中藏有奸細沿戶搜索稍可疑者即受誅戮城內人人惕息又不知預備守具與團練民間丁壯協守參贊齊慎提督劉允孝

以兵至海齡拒不延入但使禦賊城外賊由西北登岸爲我兵所擊夷多兵少相持者二三日夷方攻北門我兵奮力與戰夷已分隊潛繞西南梯陴上守者亟手刃之僅傷數夷餘已相繼而登肩挨趾錯不復可止城上兵立潰夷先就旗營縱火城陷海齡自縊殉節其妻與孫並同時死難驍騎校祥雲擲都統印入井隨自投下與其父及妻及二女亦同時死夷入焚掠慘逾他縣鎮江既破噗嗎喳將如國王後命仍

遵海赴天津再求通商地中於馬理遜言而止馬理遜者夷官也世及稱秩馬理遜幼禾日秩童時隨其父來粤故國商以是名而别之當嘉慶中入貢使臣即以當年駐粤之大班哃嚐喇者爲之副出粤洋迎貢舟抵津挈其父使司筆札入都粗知中朝地里政事至是言燕京漕運以江甯爲咽喉今但盤踞江面阻絶南北即可要挾所求當無不如志否但揚言將密招漢奸挖衛高家堰堤彼處工險費巨合龍無期

阻於外舟工亦難舉計更無不得請者事出權宜將在外君命有所不受但期有利於英不必踦守國王卒文也噗喁喳深然其言隨下令諸船齊進一路聲礮不絕瓜州儀徵所有鹽船商舟焚燒殆盡二十八日集船八十五直逼江甯城勢益兇暴先既奉有設法招撫許便宜行事之

諭伊里布已遣武舉張振龍家僕張禧等冒險赴夷船以候欵開導夷果停不復攻而責覆欵議殊亟初

六日耆英至自丹徒復遣佐領塔芬布陳志剛等與禧再詰夷船切實論議時民情驚駭失措若岌岌不可終日喋喋嗟終恃馬理遜熟悉情勢條件皆屬其登覆馬理遜先索三千萬員稍減爲二千一百萬中以六百萬爲補償烟價三百萬爲續還舊商欠千二百萬爲軍費預擬過付期日本年先交六百萬餘分三年帶交侍衛咸齡亦偕往語以烟價曾由粵償還今同一名目何以重索難違

天聽商欠自當清結但貿易利歸洋商宜商欠商還
何以官爲賠墊未免公私混淆至此次因爾國稱兵
爰有軍費若反取諸中國是中國以錢買亂何以服
民因反覆與之辨論夷衆同稱烟非產於英地實爲
鄰埠客商貨物繳燒者久已折賠在粵所收六百萬
尚未及原價之半必得此乃足所賠又國商市粵年
深積欠數鉅商疲且衆懸宕稽延今所索尚不及原
欠十之一請行粵關清查可以勒限歸欵是數仍有

着官但先爲保交而已其軍費一項因現已議和來船均宜賞犒遣散不給所欲則船之退否非吾輩所能強抑倘有帆航仍留內海遇兵民勢必與戰爭端再開恐中國將來費更不但此況艟艨所集已阻遏京口要衝一得當則令及早退出所以裨補於中國者甚大也齡不便再言夷復求賞給香港爲彼來商僑居地聽在廣州福州廈門甯波上海四省五地通商貿易五口外仍不准商船駛往他港違即受治梁莊

艙中丞章鉅致劉次白撫部書云自引疾得請後應
卽旋閩因假裝之頃忽聞浙東英夷猖獗大帥奔回
杭州錢塘江一帶戒嚴莠民乘機刼及行旅相戒裹
足不得已暫至揚州避之嗣因揚城警報踵至探知
夷艘已追焦山口復踉蹌挈家於六月初渡江時京
口草木皆兵一葉扁舟從鋒鏑中奪路而出甫過丹
陽卽聞鎮江府城已破夷兵攻破道途梗阻卒途遇
帶兵大帥齊禮堂叅贊慎北來救援某與叅贊曾爲
甘隴同寅承其沿途擁護星夜趱馳得以安抵蘇州
復連夜乘潮至富陽神魂始定六月杪至衢州探聞
江南大吏以千萬金錢與英夷議和許其於江南浙
江福建廣東四省設立馬頭互市業經奏准嗚呼此
乃城下之盟不得已權宜之計惟我　皇上如天
之德深憫東南百姓久遭荼毒勉從疆吏所請使民
氣得以小蘇凡薄海含生負氣之倫無不感頌
皇仁而咨嗟太息於臣工措理之失當也七月初至

浦城本擬卽日買舟順流歸里忽聞英夷復欲在福
州添設一馬頭執事已爲據情奏請不勝駭愕且聞
省垣紳戶紛紛各爲搬移之計因此觀望不前㡬聞
此事已奉　中旨再三駁飭仰見　聖明覆載
無私洞鑒於萬里之外俾濱海臣庶均各安耕鑿於
堯天舜日之中爲之額手稱慶乃不數日又聞執事
以此事項奏求順夷情則誠某之所不解也試問執
事夷情重乎民情重乎夫前此之准議和乃我
皇上之順民情以順夷情此經中之權史傳中屢有
之今此之請添馬頭乃執事之拂民情以順夷情果
何說以處此民爲邦本執事於本末之分順逆之理
亦曾熟思而審處之乎且此事本末至易明也以省
分論福建不能先於江南浙江廣東也以富強論福
建不能勝於江南浙江廣東也乃江南浙江廣東每
省只准設一馬頭而福建一省獨必添一馬頭以媚
之此又何說以處之且江南之上海浙江之甯波福

建之廈門廣東之澳門本爲番船交易之區而福州則開國以來並無此舉今以亘古未聞之事而爲恭奉外夷之故強率吾閩數十萬戶商民必與上海甯波澳門一律辦理於國計民生政體均所未安此又何說以處之況中原濱海各省不一而足倘該夷援福州之例於山東索登州馬頭於直隸索天津馬頭於遼東索錦州馬頭則概將惟命是聽乎況外番如英夷者亦不一而足倘各外番並援英夷之例亦於濱海各省請分設馬頭則又將惟命是聽乎且福州省城外距五虎門大海尚有百十里之遙蘇州省城外距常熟海口不過百里浙江省城外距乍浦海門亦不過百里廣州省城則外距澳門不過數十里若皆以海道可通之故各援福州之例並請於各省會分設馬頭又何詞以拒之且執事亦知該夷所以必任福州之故乎該夷所必需者中國之茶葉而崇安所產尤該夷所醉心既得福州則可以漸達崇安

此間早傳該夷有欲買武夷山之說誠非無因若果福州已設馬頭則延建一帶必至往來無忌某記得道光乙未年春夏之交該夷曾有兩大船停泊臺江別駕一小船由洪山橋直上水口時鄭夢白方伯以乞假卸事回籍在竹崎江中與之相遇令所過塘汛各兵開礮擊回則彼時已有到崇安相度茶山之意其垂涎於武夷可知此時該夷氣餒視十年前更甚得隴望蜀人之常情況犬羊之無厭乎此爲果成其弊將有不可殫述者願執事合在城文武各官及在籍老成紳士從長計議極力陳奏必可上邀
旨下洽輿情使英夷知中國不可以非理妄干自當帖然聽命甚不願後日以盧龍之貴歸咎於當時之大吏及士大夫也　按原奏已云五口通商而　齡等
梁中丞歸田瑣記乃云然蓋當時傳聞之誤
答以香港之建造夷屋在未欽前已上事尚可代請

至市地僅止廣州今增其四數實過多不無窒碍其
開市貿易如何輸稅亦應預爲詳議庶免臨時爭執
夷言既有香港寄泊此後船貨來者較前宜倍必得
五地分售方可通流不滯稅屬公帑自宜公立章程
謹遵中國成例按則徵輸廈門寧波鎮海定海乍浦
寶山鎮江各城岸一俟五口通商便卽退還不敢再
事滋擾將來貿易各關並設領事官經理用資約束
而慎輸將從前官設行商侵剋受害此後請聽來商

自投行交易貨至責成領事赴關納稅應不受洋商挾制期保久遠相安嶺等仍令將市地刪減夷堅執不從最後又請彼國官至與中國官用平行禮及事後將被擄夷人與被誘漢民一體釋放俾反側胥安無復顧慮語畢促諸人亟歸商定諸人終以索費過重瀕別有遲疑意頗形躑躅馬理遜因爲言所有軍費馬頭皆我國現請之數非即中國已許之數歸自酌裁之可也塔芬布等還報當事僉以所請悉如夷

初意而索項視前轉瞀遷延莫決難以遽覆又使吏往傳語當往返議擬時夷船已易白旗以俟矣而漢奸有慮和議成不利已私者七月初八日夜二鼓夷開漢奸開播謠言有當事實無和意不過借議款事暫杜急攻已一面飛調壽春兵晝夜馳來決死戰語夷酋信之恐遂中我計忽下令諸船皆易旗約以次早復開仗猖獗更不可名狀當時相顧無策慮及江甯城周五十餘里防守兵力不敷所調江甯浙北徐

州兵卒挫敗之餘斷難恃以克敵又望見夷登據城外鍾山俯瞰全城虛實如指掌飛礮轟墮勢必難支事勢至斯不得已咸願爲國受過隨使咸齡偕署布政使黃恩形面見夷酋開誠告以無他勸勿爲流言此中致中道乖違因盡勉狥所請一切不復再加挑駁夷衆乍聞歡呼喜出望外於是鑑伊里布耆英會奏言夷逼金陵情形危迫呼吸即成事端根本一有挫動鄰近如安徽江西湖北皆可揚帆直達所請雖

貪利無厭而意但在求市地通商倘非潛蓄異謀可
比與其兵連禍結流毒滋深曷若不惜巨費以全大
局所索紋平七折銀一千四百七十萬兩商欠折二
百十萬兩行令粵商按數歸還本年先交四百二十
萬就將揚州商人現給之五十萬員扣抵外令江蘇
捐備百萬再擬於浙江江蘇安徽三省庫存及關征
粵庫通融借撥其餘三年帶交歲不及三百萬彼國
貨稅既新加饒裕可以作抵較用兵費實不及三之

一癸卯六月給三百萬於洋商欠項追交十二月三百萬於各海關稅撥給不敷仍於粵閩庫借交甲辰乙巳丙午屆期通計各口新稅籌辦

至廈門夷雖退尚未收復香港古浪澳定海招寶山則仍據守未退與其久被佔據不若歸我土地既願遵輸稅課即屬悔過向風此後彼因自護馬頭我即借以捍蔽海疆似爲國家之利所請與官講平禮虛文本可通融事定後亦應釋俘囚以堅和好寬脅從以安反側附單詳載條款以聞

上念東南數百萬民命慘遭塗炭強爲遏抑
加恩勉如所請而
諭令反覆詳議永銷後患耆英等同詣夷舟與立和約十有三條善後事宜八款鈐以關防海關丁書巡役陋規亦悉予禁革奏云臣等查該夷請求各款雖已定有和約十三條惟一切善後事宜尚須明晰妥議立定章程畫一辦理方可期一勞永逸永杜衅端其奉
旨指出各款尤須宣示該夷俾知遵照誠如
聖諭不厭詳細萬不可將就目前草率了事當即派四等侍衛咸齡署江甯布政使江蘇按察使黃恩彤浙江甯紹臺道鹿澤長石浦同知舒恭壽連日接見該夷酋反覆詳議該夷

嗎哩遜囉啼咀嘛吔唎均通曉漢文兼習漢語不須通事傳話反致隔閡該侍衛等與之口講指畫推誠開導酌定善後章程稟分八條稟經臣等備文明晰照會該夷酋噗𠳐喳亦即照覆均無異說謹將各條另繕清單恭呈御覽至此次奉旨指出各款如該夷赴各口貿易一節聽其自便但日久難保民人無拖欠之弊祇准自行清理地方官概不與聞一節查前議商欠三百萬員即在二千一百萬員總數之內此外欠項均不能官爲補交業經與該夷議定並奏明在案復於善後條款內載明此後該夷自投之行非中國額設行商可比如有欠債只可官爲着追不能官爲償還等語現據該夷覆稱嗣後利害均由自取萬不再求官爲還欠其情業已貼服又如此次已經和好兩國民人視同一體斷不致擬行誅戮倘該民人別經犯法我國自當照例辦理與該國無涉一節查該夷原議此款係專指犯順以來被誘

被脅之民人而言臣等切以此等莠民即屬漢奸與
夷匪相爲表裏夷匪既散漢奸亦不能復聚惟人數
衆多究係國家赤子繩以峻法則相率爲盗者以
寬典則反正來歸自當蠲除既往予以自新是以臣
等奏懇 天恩准予釋免以安反側至通商以後
華民歸中國官管束英國商歸英國自理華民有罪
逃至英船者英夷不准庇匿英商有罪逃入内地者
中國官即行交還均經臣等明定善後章程該夷亦
切實照覆是該民人等別經犯法自當仍由該管官
照例懲辦該夷斷不致多端阻撓至各國稅餉該夷
情愿按照則例如數輸將惟稱粤海關丁書稅役内
藉陋規求爲查明禁革其中國商人按例交納關稅
非該夷所得越阻該夷於本年六月十五日以後止
有揚州商人致送曹平銀三十五萬五千兩折洋銀
五十萬員現已議明扣除此外並未收過銀兩再舟
山古浪嶼暫住兵船應俟各口開關即行退出不准

久為佔據一節前此該夷酋必欲俟銀兩分年交清方始退還現經奉
旨飭議復向開導該夷總稱和約既定必須堅守未便遽行更易至渠等酌留兵船不過數只既不侵犯百姓亦不阻攔商船均於善後章程內議定不致滋生事端惟求代為奏明仍如前約等語臣等查該夷既以堅守和約為詞若不允所請轉恐藉口反覆其兵船如何漸次撤退應俟開關後由地方官察看夷情相機妥辦其分年措給銀兩臣等悉心籌畫所有癸卯年六月應給洋銀三百萬員擬於廣東洋商欠欵內先行儘數追交十二月應給洋銀三百萬員擬於各海關稅銀內撥給倘有不敷再於廣東福建浙江各庫均籌欵措交至甲辰乙巳丙午年應給之項屆期各海口均已開關稅額有成數應俟通盤計算是否足以相抵再行籌辦至新設五處馬頭尤非善後事宜可比必應妥為籌定以期永久安堵容臣等將未盡各事宜悉心詳議務

期周妥另行具奏外理合恭摺具奏一廣東洋行商
欠除議定三百萬員官爲補交外此後英國自投之
行即非中國額設行商可比如有拖欠止可官爲着
追不能官爲償還查此項業據該夷照覆嗣後通商
利害均由自取若有欠項由管事官呈明內地官着
追萬不可再求官爲償還一和議既定永無戰爭所
有廣州福州廈門寧波上海五處止可貨船往來未
便兵船遊奕其五處之外沿海各口及直隸奉天山
東天津臺灣諸處非獨兵船不便往來即貨船亦未
便貿易均宜守定疆界以期永好查此款業據該夷
照覆一俟五港開關則例須行即由英國君主出示
曉諭英民止准商船在五口貿易不准駛往各處至
該國向有水師小船數隻往來各口稽查貿易亦當
協同中國地方官阻止商船不准他往並請中國地
方官嚴禁華民除議明五港外不准在他處與英商
貿易一既經議和各省官兵應撤應留須聽從中國

斟酌其內地礮臺墩堡城池業經殘毀者均應次第修整以復舊規實爲防緝洋盜起見並非創自今日英國旣相和好不必有所疑懼或行攔阻查此款業據該夷照覆以上各事宜均應聽中國斟酌修整如舊係屬正辦英國斷無攔阻之理蓋此次和好倚賴中國誠信踐約而英國亦當專心以信守爲務一廣東福建及浙江等省距江甯較遠之處不知和好信息見有英國兵船駛入或相攻擊均須原情罷戰不得援藉爲口實致乖和好查此款業據該夷照覆兩國和好信息業經由火船速行曉示所有英國水陸軍師自必與中國兵民互相友愛倘有攻擊之悞未足爲仇惟求臣等速將議和情由飛行各省一體知照免起紛爭更爲欣幸一和好之後付給本年所交銀兩各兵船自應退出江甯京口卽福建廣東浙江等省停泊兵船亦須約定同時退出散遣歸國方堅和好其定海之舟山厦門之古浪據議仍留英兵暫

爲駐守但不便多駐兵船致中國百姓暗生疑懼與
該二處通商之事轉多窒礙所有每處泊船若干只
自應預爲申明以示限制查此款業據該夷照覆俟
本年銀兩交清後所有兵船自應退出江甯京口等
處其他省停泊船隻除舟山古浪嶼二處酌留兵船
數隻管理貨船及香港仍須留兵駐守外其餘均可
遣散歸國蓋留兵於他國未免重費英國意在省費
必不多留兵船中國不必多慮致傷和好一舟山古
浪嶼泊有兵船須令帶兵官約束兵丁不得侵奪民
人致乖和好並聞古浪嶼所泊兵船曾有攔阻中國
商船扣收貨稅之事此時既經通商應令各兵船不
得於中國商船再行攔阻抽稅查此款業據該夷照
覆各處兵船本應帶兵官嚴爲約束此時和議已定
尤當彼此親愛所有攔阻商船即行飭放不得再行
抽稅各情早經行文各處曉諭在案嗣後倘有不遵
致有侵奪攔阻情弊即當嚴行訊究不致有乖和好

一英國商民既在各口通商難保無與內地居民交涉獄訟之事立即明定章程英商歸英國自理華民歸中國訊究俾免衅端他國夷商仍不得援以為例查此款業據該夷照覆甚屬妥協可免爭端應即遵照辦理

一內地奸民犯法應行究辦若投入英國貨船兵船必須送出交官不可庇匿有違信誓致傷和好查此款業據該夷照覆內地犯法奸民若投入香港及英國貨船兵船即行送出交官斷不庇匿其英國及屬國逃民逃兵若潛逃內地中國亦須送交英國近地理事官領回以敦和好八月初十日恭值

萬壽夷官仰祝

純嘏虔請代奏夷船以八月二十五日出江入海諸

帥設餞於正覺寺而去夷人歸後繪舟上議和圖牛鑑伊里布耆英咸齡江蘇按察使黃恩彤甯紹台道鹿澤長同知恭舒壽夷官噗喝喳馬理遜囉咘咀啷呭喇嗌三人皆通漢語馬理遜與恩彤各坐一棹執筆立約餘皆坐於其後夷多立者不知何許人神情逼肖

給事中董宗遠力陳款夷不便已無及矣奏云臣聞逆夷深入直犯江甯該大臣等以形勢萬分危迫奏懇允夷所請與彼聯和仰蒙

皇上如天之仁重恤民命准大臣等便宜行事

恩重渥也而臣愚以為果如所請則

德至厚也

國威自此損矣國脈自此傷矣亂民自此生心矣邊釁自此多事矣值可取勝之機而忍辱偷安貽此四患該大臣等誠愧國之尤難逃史議者也謹為

皇上陳之該大臣等之言曰該逆自犯順以來屢經

命將出師總未能挫其兇燄云云伊誰之咎乃敢以

此揚敵人之威乎逆夷搆兵三載兩軍對壘之處少
望風逃竄之處多業既仰邀 聖鑒將爲倡之余
步雲拿解進京孰知將士等罔知警惕自吳淞失守
之後福山圌山京口等由海入江之路或資糧縱敵
或棄地潛逃逆夷直達江甯則深入重地料難兔脫
該大臣等臨境倉皇曲成和議且爲危詞以悚
皇上有士氣不揚及鍾山逼近省城登高臨下一經
轟擊勢必不支等語試思士氣不揚誰實使之乎總
督節制二省以逼近省會之鍾山並不能據守乎又
云倘戢不勝即偷搶高堰伊誰之責防其偷搶豈遂
無術乃苟且從事置國體於不問乎我 朝定鼎二
百年來臣服遐邇於四海藐茲醜類祗以督兵者逡巡
畏縮求藏其功敗以 皇上知人之明別遣威望
素著之大臣前往辦理數邑何難克復該大臣等見
不及此許洋銀重二千餘萬之多是嵗幣之輸也讓
五處馬頭與處是割地請和也甚且請蓋 御寶

與之是猶欠債者之寫負約也是猶賣產者之立文契也不知該大臣等視　皇上爲何如主自視爲何國之臣方今全盛之勢以強畏弱縱敵苟安忠義之士聞之誰不憤恨四海屬國聞之誰不輕中國乎臣謂國威自此損者此也該大臣等又云該夷討洋銀二千一百萬員內烟價若干商欠若干軍費若干不知鴉片有明禁該逆以犯法之物誘我華民巳屬非是況燒烟之日曾以大黃茶葉相易並非白手取之何言索價且其價重千餘萬之多也至於商欠尤屬一面之詞軍費何得取償於敵該大臣等因該夷怒目而視遂不敢與之詰難試思此欵之出不外國帑民脂兩項以有限之財力供無厭之橫索中國能堪之乎且既給之後能保其安然無事乎設又增所請何以給之乎抑於是時始背盟議戰乎軍興三載以來用度浩繁上下交病加以征徭遷徙失業廢時如此數事民窮財盡殆不可支將何以裕國用厚民

生乎臣謂國脉自此傷者此也該大臣又曰該夷請爲被虜夷人及被誘之漢奸一體釋放夷務完竣後應釋俘囚以敦和好免協從以安反側似屬可行云云說以此爲羈縻之術則可耳若果行之天下尚知有國法乎虜夷姑置勿論試以被誘漢奸言之彼所犯者叛逆重罪逆夷所出蹂躪我中國者皆彼等爲之向導爲之内應中國之民恨不食其肉而寢其皮若概從寬宥則碁布星羅在在皆夷之巡邏昔猶服漢奸之罪名今公然防戍之敵卒即暫且無事而中國之人則之謂薄昔惧罹尚能受有司之罪獨天大罪覺蒙釋宥之條幸之不平莫此爲甚恐小則拒捕抗官大則揭竿起事皆勢之所必然者臣謂亂民自此生必者此也該大臣等又曰與其博征剿之名莫如收實效若作羈縻之計求息兵端真掩耳盜鈴之說也該夷在廣時曾討烟價六百萬員允退兵歸國矣乃口血未乾復肆猖獗今又如此陷江甯之人且

有分年交清之約則嗣後更得以索欠爲詞滋擾不已並開其與該大臣等一面議和一面登岸肆擾該大臣等不敢動問能保其日後無事乎該大臣又曰此後結以恩信撫馭有方彼旣自惹馬頭即有捍蔽海疆未必不轉爲我用此更夢囈之語也彼旣占據險要則內地在其腹裡呑噬之勢已成如被盜之家已被掘載出戶彼方盤踞其側將圖大索乃轉以守門之責寄之雖三尺童子能信此語乎該大臣等將誰欺乎臣謂邊境自此多事者此也總之該大臣等視居官如傳舍但求目前苟安絕不爲國家久遠之計不知以現在之夷情度之即苟安亦未必能也該逆無厭之求實出情理之外亦聊以此相試矣豈敢期中國之必許我今旣悉許之矣乃猶預不決恐墮術中久之而夷無聞見事必躍然興起謂中國果無人也則將肆然無忌爲所欲爲而不堪設想者矣臣籍隸江甯眷屬俱在圍城中與守土各官遭一身背

寄官眷妻子輜重早經遷徙者不同雞蟻命至微豈不顧苟存旦夕而必冒萬死以爲此奏者誠爲國家計久遠且逆知禍不旋踵不與和固死與和亦死置之死地而後生願暫借江甯爲戰場與之決一戰即死猶有一生之望也按江甯東距京口西接和州南距太平北距天津雖京口業被占據而揚州實據京口上游爲由京師至江甯要道伏乞 皇上簡任上將速發大兵任用 王親大申撻伐並飛諭江蘇安徽江西各撫臣帶領精兵三路堵截四面合圍解省城目下之倒懸倘各屬已失之境土該逆捨海入江已屬法寬就窄況現交秋仲潮勢漸退船隻笨重最易淺擱既地利天時之交濟實摧枯拉朽之同時轉弱爲強在此一舉昔吐番之騷擾於唐金人之爲患於宋皆議和誤之 皇上聰明智勇詎弗深悉其非至大臣等坐失事機專 鑑以不守江口被逮代權誤國國法具在無待臣言

以耆英奕山奕經文蔚皆得罪沿海失守城池道府
以下及失事將弁皆予處分
恩免被夷地方錢糧
命伊里布至粤議開市事佛蘭西者西海故國與英
國並居大西洋同港界接鄰近各爭強不相下連兵
搆怨數十年近雖約和而各懷疑忌船至粤者英多
而佛少上年十二月開英市被禁陰喜而陽慰之王
恐其偶勝益驕則先受其弊脱遣兵目真時爾士思

利駕兵船一來泊尖沙嘴士思利入寓省館求見大
吏偕所帶語華語之夷僧玉遮依里達二人爲通不
受官通事防洩也奕山遂率當事同官出城西潘氏
園見之夷目自陳其國王聞英夷違犯中國搆兵久
恐其國商或波及受累令其來護困得便善爲解散
英素悍自非禁以力不可而彼與英方新和槊苦攻
之無名願出與英酋講説俟其堅執不見允則曲在
彼乃可藉以交兵語頗誠切奕山等諭以英自津門

轉粤日加猖獗

天威震怒今奉

命征剿未便遽聞款議辭之夷目乃請自以己意與言無論其意見云何亦當入覆既去會噗喝喳方潛回香港佛目與晤及奐而土思利偶緣他事爭於初春駛赴呂宋留真時爾以二月再入會城呈遞説帖仍以和解爲詞勸給英夷香港補其烟價三百萬奕山疑佛目爲英居間將圖異日得與分地而居且爲

探內地虛實來也即拒絕之六月有奏英夷糾集天竺咈喃小呂宋等國同惡相濟鎮海定海所到夷船或稱來自天竺咈喃及呂宋　諭奕山查明解散奕山以英夷船皆來自本國或僱西娑挪代人打仗之黑夷船在內均未可定天竺即印度其孟阿臘即英屬國諸國無咈喃名當係佛蘭西尼晉玫悞佛蘭西無助逆事呂宋更貧弱不能助人詳爲覆奏喋嗎噠又復離粵而北佛目俟至六月終不得我實耗乃自赴江仍將力任款事折其貪心得當以復我官吏較在粵便也道經吳淞口英船已入長江官上海者更莫測其來意不敢導之入佛目不獲已隨易小舟溯江抵

金陵則所欵議先已大定馳奏且數日矣遂廢然與英船同返粤英夷自以香港為彼國奉給地遠在海口諸國市船所必經凡貨船至粤者欲抑使先就彼報驗按船抽鈔而後入埔輸稅中國其至五口者亦援香港為例佛蘭西米利堅皆大憤訮謂彼此同在
天朝貿易我非爾屬誰甘受挾制於是各自遍書其國以兵船至將與英為難英酋自知理屈頓止前說兩國使臣適至請入都密陳機宜當事不可而伊里

布壽卒於廣州將軍任者英馳至粵皆二十三年事許諸國
並如英夷例給以印册條列事款各國乃喜躍而歸
其冬噗鼎喳尚以歸師駐廈門鼓浪嶼候釋還俘囚
挈以還遣其屬爾呋至臺灣領所釋疊戰獲禁之夷
瑩傳見告以百餘人中前後病斃及正法尚存夷目
九人合以就款後同自舟山遭風爲臺官救起之夷
目七多忍占與白夷二十五人盡付爾呋帶出七多忍占
供係英小商船載白夷二十餘黑夷百數十同輪舟
前月自舟山撤回廣東駛至臺灣洋面九月十六日

遭風因輪船上被火大夷官將伊船上衆夷盡數叫
去救護本船上白夷不語行駛以致擊碎幸蒙救起
祇求釋回是所救之遭
風夷亦從兵中來者爾吠感激請瑩親臨其舟燃
六礮懸綵旗百以迎飲其太平酒而還矣是日姚觀察察看其
舩無兩礮貯水防礮擊事知前供之出自咀利啞者誇也
喋嗎喳至是始知俘夷
已戮懼爲諸夷笑密商於夷目札士必於是忽生異
議詐言臺灣被殺者皆遭風夷商按姚觀察與曾卓如方伯望顔書云
大安之役承示以中丞所聞此亦不得已之苦心也
惟前據夷供喋嗎喳給銀九萬及紋銀六千來臺贖
買奸民實無五十萬之事姚縣丞私信尤爲不確且
上年經督與制府飛甫中丞兩次印示凡獲夷舟銀

貨悉與兵民充賞弟與達鎮會示破夷所得銀貨不許官人索擾是以民間利其所有樂破夷舟實不能有裨於軍需也據此是當時傳聞有獲夷舟五十萬之說故商撥軍需然據夷酋僞示亦止云民船遭風逃生上岸俱被拏禁被總兵官兇心戕殺始終無失去銀貨若干索賠之語其云執械相爭被擒尚不容戕殺是明明知有抗拒我兵之事至云此等難人原係水手小人隨營擄夫則又明云在夷營數內且欲將鎮道家財入官交英官分濟枉死家屬亦非謂以其家財賠補失項也即英所自言已見偏詐安有交兵時手執戰械相敵而尚不得誅之理乎又二十一年十月親察復泉州沈守書云承惠書臺灣破獲夷四大府意令解至內地以廈門鼓浪嶼尚未收復欲示德於夷帥此事若出自英夷則可以百餘囚人易回鼓浪無損兵威復可布德無善於此今夷初無此意且大肆鴟張所至殘破勢鋭志驕彼以廈門爲囊中

物據之以通浙粵咽喉安可以不甚愛惜之人遽棄
其所算哉設使因人既得仍逗留不去將何以處之
且內渡三口廈門已失泉之蚶江福之五虎皆有夷
舟起解夷至百餘奸民必往告徒爲所刼何能至福
州待我之求耶事勢如此非敢方命也二十二年五
月復怡制軍書云臺灣前獲夷犯亦遵 旨分别
留禁正法沈守兩次來書深以逆夷性好報復爲言
夷性畏強欺弱我擒其人久而不殺以爲懼彼明示
之弱也又以舟山廈門失守爲報復之證試思夷初
至舟山非有所仇上海又豈有仇乎夷垂涎臺灣已
久即不殺夷因彼亦可以破舟喪貲索償於我前所
斬溺之夷無不可爲報復之詞也殺之猶可以壯我
士卒之氣兩軍對壘非我殺賊即賊殺我乃先存畏
彼報復之見何以鼓勵士卒乎又七月復福州史守
書云夷囚除頭目外悉斬之臺人素怵於泉廈郊商
之言頗懷畏懼及目覩夷臨斬時觳觫情形轉甚於

臺地強悍之逆犯士卒胆氣益壯而畏事者猶津津以報復爲疑殊不知夷性畏強欺弱即使大隊復來仍是垂涎之素志耳論者每謂甯波之失由裕督師之剥皮逞忿厦門之失由陳守備之箭射夷首非夷論也臺先後交鋒死及囚不下千人夷貲甚鉅彼欲甘心於我豈待戕其人乎大戮夷囚議必紛紛大憲言及尚望代達鄙意云云在省中大吏見夷勢猖獗慮其報復欲以俘夷還之以解其怨亦權宜之所不廢即使解省中道爲夷船所奪亦事所常有然平心論之廣東浙江兩次還其夷俘彼未嘗因是稍生感激則閩以臺灣之俘還之亦未必能動其天良遽然捨去蓋其所求者大聲言報怨皆虛作恫喝之長技耳當請爲正法正普天同仇之時而愬愬逆料將來禍或歸已是以私害公血性男子不爲也扶同邀功之事必其私相交結於平日而後可瑩爲臺道例加按察司銜而文至必稱提督銜臺灣鎮傳諭某道瑩

心已不能無私言及奏夷情引及嘉慶年得自松筠
語洪阿即擬有道無鎮瑩請作松語洪阿但求事理
暢明不妨彼此相易洪阿思之數日終用原奏上即
此一事兩人已勉強相就以同事不能不和衷耳非
交深莫逆不言而喻也誰肯遽張僞示以上年八月
臨時起意爲此欺誑之事乎
其國嘛嘛吥嗹民船遭風雞籠洋本年正月阿嘛船
遭風淡水洋皆逃生被殺監禁總兵等貪功以攻犯
奏請正法假使手執兵械奮勇相爭被擒尚萬不容
殲殺是必請大臣奏明堅求將臺官正法家財交英
分濟文責大帥於是大帥遂相繼以鎮道冒功請

旨
上命怡良赴臺查辦臺兵洶洶共約詣行署訴洪阿
慮起風波婉詞解散百姓有焚香跪請者迨委員堂
訊官勇隨有並未接仗之結怡良據以責備洪阿瑩
自惴受
恩深重今率大局既定從此安人息事倘憤而忿爭
執所獲賊物爲證則夷酋必嘵嘵不服大臣既不可
與對質夷船未返或別生事端所關甚巨事機如此

止宜引咎瑩先以夷在厦門上書制府請奏易鎮道
至是乃具詞請罪怡良據詞奏覆
上聖明令解京遂逮洪阿瑩下
詔獄怡良內渡聲告病還旗代者劉鴻翔盡取營縣
義首稟報原牘及所得夷船掠載浙閩營械浙撫營
員印文冊咨送十二月鎮道見夷僞示錄奏自請撤
回查辦掐弁守風追回未及上鎮道
己自服罪瑩見鴻翔泉州謂原奏未嘗非惟斬夷太
逮逾兩月則撫議成事可免是亦持平之論正法雖
出　諭旨究屬與道光
請事與禁市小異大同

上深知二人功過所在供甫上旋出獄起用矣姚觀察奉
逮入都別劉中丞書云瑩與達鎮軍以擒斬夷俘爲
夷酋請怨大帥相繼糾彈復有摭拾浮言爲夷之助
者致　上震怒逮問入都既負　聖明特責之
恩更辜　憲臺知薦之德惶悚不可言也呂游擊示知
憲檄敷解以道府原案及所獲夷件均送大部即當
赴省候文就道不得面辭歉仄愈不能已在泉州時
承明諭原奏未嘗非惟斬夷太急再逾兩月則撫議
成而事可免又謂鎮道此行爲辱甚矣大君子持論
之允也顧一得之愚尚有未自訟於左右者茲當遠
敢卒盡其區區惟鑒詧焉今局外浮言不察情事言
臺灣鎮道冒功上干　天聽夫冒功者必掩人之
善以爲已美未有稱舉衆善而謂之冒功者也雞籠
其地距郡程十日大安猶近程亦五日皆在臺灣北
境兩次擒夷鎮道均非身在行間惟據文武士民稟

報之詞耳自古軍中驗功皆憑俘馘旗幟鎧仗有則行賞故人人用命非如獄吏以摘姦發伏爲能是以周師耀武史有漂杵之文項羽自刎漢有五侯之賞所謂兵貴虛聲寬則得衆也雞籠之夷雖以銜礁大安之夷雖云擱淺然臺灣擐甲之士不懈於登陴好義之民咸奮於殺敵乘危取亂未失機宜夷船前後五犯臺洋草鳥匪船勾結於外逆匪巨盜乘機數亂於內卒得保守巖疆危而獲安未煩內地一兵一矢若皆賴文武士民之力也苟無以鼓舞而驅策之焉能致此哉況當時各路禀報皆稱接仗計誘所獻夾因礮械衣甲圖書既驗屬實復有綠營旗幟軍衣刀仗與浙江巡撫營官印文火藥道里數冊確係騷擾內地之兵船其時夷焰方張蹂躪數省荼毒我人民戕害我大將　朝廷屢有專征之命閫外曾無告捷之師　宵旰憂勤忠良切齒郡中得破舟擒夷之報咸額首稱慶謂海若效靈助我文武士民殲此醜

類亟當飛章入告上慰
九重焦憒之懷且以張我三軍挫夷銳氣在事文武方賞勞之不暇豈爲鎮道不在行間功不出已遂貶損其辭哉鎮道原奏皆摭衆報彙叙未言鎮道自爲即文武禀報亦未没士民所獲士民亦未有一挫文武攘其功者怡督憲渡臺逮問鎮道成算早定一時郡兵不服其勢洶洶鎮軍懼變親自巡衙慰諭乃散翼日衆兵猶人持香一炷赴
欽使行署泣愬全臺士民遠近奔赴僉呈爲鎮道申理者甚衆皆未邀夷案議叙之人也雖怡督
憲批不准行然皆已受其辭在案可稽則鎮道非有冒功之心明矣雖縫夷船到口三日後乃開礮我兵亦開礮之相持大安夷舟實爲漁人所悞淺兵民因以乘之當時陳辭初非臆造誣夷就撫後追恨臺灣掄斬其人遍張僞示以爲中華之辱莫甚於此計遂鎮道以快其私大帥相繼糾參而臺灣冒功之獄成矣在諸公創鉅痛深以爲甫得休息深懼再啟兵戎

夷氛聞記 卷四 四九

謀國之意夫豈有他正月二十五日怡憲渡臺二
十六日傳 旨逮問以所訪聞令鎮道具辭瑩與
鎮軍熟計夷人強梁反覆今一切已權宜區處膺懲
之辭非口舌所能折辯鎮道不去而夷或至必不能
聽其所為夷或別有邀求又煩 聖慮大局誠不
可不顧也且懲出夷人若以為誣夷必不肯服鎮道
為功 天朝大臣不能與夷對質辱 國諸文武即不以
豈可更使獲咎失忠義之心惟有鎮道引咎而
已益夷未撫以前道在揚威勵士既撫之後道在息
事安人鎮道受 恩深重事有乖違無所逃罪理
則然也且上年十二月初三日鎮道見夷僞示當即
照録具奏自請撤回查辦其招在日守風聞怡憲已
奉 旨渡臺乃追回曾抄呈怡憲舟次繙摺猶存
今以罪去誠乃本懷此所以具辭請罪也至於官民
結稱並未接仗計誘者臺灣地本孤危衆恃鎮道壯
其膽氣今鎮道獲咎委員復以危詞恫喝誰敢堅執

以自取戾而致怨於夷乎此又情事之昭然者矣鎮道入都亦必如前請罪以完夷案惟憲臺有知己之感區區微衷若懸匿而去非所以對大君子夫世俗紛紛皆由功名富貴之念重則君臣道義之念輕耳胸無俗見不特進退坦然苟利社稷即身家在所不計古有殺身成仁毀家紓難者彼何人哉怡督憲未諒志士立身各有其品節以爲及此尚形強矯深責之不能辨也居常言臺灣鎮道奏事乃 國制也隔海文書往復不能剋期率中朝夕百變若事事請
命則貽悞多矣雖龍獲夷之奏如常發驛奉 上
硃諭嗣後夷事皆四百里奏報若獲勝仗即五百里大勝則六百里緘念切海外欲速知情事望捷音也
聖廑若此何敢復爲輾轉耶

詔直隸江南總督籌善後條上禦外防內八議增設

通永一鎮駐盧臺控山海關以西蓋奉天山東爲京師左右輔以天津爲中門旅順成山爲外戶夷至天津止新兵六千守直沽助以義民始得安堵故也噗嘮嗑計逐蘇鎮道後隨還香港至二十三年始盡卒其來船回國

夷氛聞記卷之四終

夷氛聞記卷五

噗喝喳瀕去留綠衣兵守香港五口分留夷目開市司稅務之領事亦至所擄於甯波婦女有失襟裂帛纏其足者載入澳門夷樓作長夜飲香山鮑某方受雇爲夷守門樓凡二層上居白夷下廝役其夜白夷十餘同聚居一樓皆自江來留粵者婦女啼哭聲徹樓下鮑一時憤甚思舉火燼其樓已他出覓得藥裹以入矣轉思不忍婦女一時同死且慮火發救者至

已不能竄脫遠止（此聞諸鮑太史逸卿俊者云其族人也）英商在粵重開市易益肆驕矜舊制大班不得乘肩輿入館至是散商出率乘坐遨遊通衢與內地人交易動因口舌陡起風波愈以忿爭爲強所留夷役沿街攫掠市店貨物買物論值未成遽攜以去又挾流娼招搖市上遇平民輒喝令急避否則鞭撲隨之市井之民受者已不可忍特畏官之禁遏因是滋爲禍首強自遏抑而姑容之始則會城衆怒難犯久而並所近村堡之

來城就工買者無不積爲深怨嘆嗎喳之未行也夷館遣役出買零物去不給值索之反被詈辱旁觀者不平助其同詈役遽入館糾衆夷持鳥鎗出覘人跡多處施放有受傷者行道人一時駐足鬨觀不散其夜火忽自夷館起夷貨遷出盡爲百姓推擲地上無絲毫奪歸已者米利堅諸國商亦棲居毗連財物聽其搬出衛至河舟無一人越館界入攫當火威發時聞萬口齊呼殺賊遠近水車赴救皆挺刃而止之員

弁以兵役至將爲撲滅亦阻於萬手飛石不得前越
日火息而後散二十二年十月初六日事噗嗎喳聞而憤懣移書
責墳索賠所失謂必舉兵入搜起釁匪類墳舉是日
實在巔末爲書以復稱以領事戒勿縱釀後禍得書
乃不敢言書云道光二十二年十月十四日得接來
書備悉兩國商民近況竊以爲責人須當
責己敬釁尤貴審機向者英國稱兵我　皇上仁
恩如天用許和好本部堂仰體　聖主德意方且
勸諭兵民勿存芥蒂在領事更宜戒飭商民無得恃
強招非乃在省東商自向議和即縱兵役或在街市
攫物逋價或引娼婦逐隊鞭人行路且爲不平何況
身受其毒本部堂屢申禁遏深恐爲小忿而亂大謀

不料於初六日公司行內商人遣役買物又復不給價值百姓跟隨慣罵該役竟敢糾衆放鎗百姓被傷不散及夜無端火發該商搬出貨物閙百姓扯碎擲地毫無攘奪花旗等國財物並不越界搶擄兼之數萬衆大呼殺賊報仇水車赴救俱被挺刃截止文武員弁率兵彈壓亦被飛石攔阻各國商民共知共見但思此等匪徒一時數萬衆齊心非同小可本部堂豈不驚愕異常且百姓大呼殺賊報仇不知誰人爲賊又不知百姓與英國有何仇恨禍激至此我地方雖令團練足恃猝遇奇變亦當分別細辦不致鹵莽用事誠慮處置過迫本部堂與領事將有擔帶不起之憂若領事確知數萬匪徒所在必欲盡數拿獲即使帶兵來省摘置重典本部堂爲安靖邊疆起見亦各從其便至若該商散失銀兩黑夜之中良歹難辨此正宜詳究已飭文武員弁及昇平公所河南沿海東西南北各鄉紳士義民通緝在案惟是兩國交兵

商民受害不獨英國爲然即如上年焚我盧店掠我貲財我國又將向誰索補賠補之説諒亦英國商民所不敢出諸其口者也刻下和議初定邊省諸臣皆膺重罪伊大人來粵無期本部堂亦爲百姓指讁黜陟莫保領事揣人情度時勢請俟章程爲便如必驕兵自肆勝敗正未可逆料耳再者英國所招之漢奸實内地之匪徒恐其熟知英國虛實習見英國貲財將於香港海外號令而起領事未必安枕而卧彼臺灣遺風被戮特其餘事設三省風應則和議遲延豈不徒勞心力况我 皇上素得民心而又將相迭出不少奇人彼一時此一時也領事自識經權無爲夢夢即前日到省之火船其急退出免令百姓猜嫌並嗣後務須嚴禁商民勿再挾婦恣行藉横激變所有三板船隻除撥貨外不得無故遊奕内河否則本部堂惟知約束吾民而已至於匪徒數萬伏發斷不獨任其咎茲體 聖天子懷柔遠人之意畧佈心

腹惟領事察照同時澳門人亦有因英夷強橫殺其夷目於澳者初奕山在粤時上諭有捐助軍資及以破夷奇計獻而行之有驗者皆予重賞一時上書言事者踵至奕山以軍務日無暇晷而條陳者率請給貲自試切中事情者頗乏乃令就紳士勸捐局之在會城大佛寺者收而准駁之人既衆不能一一延諸座與爲面商也則但批其詞使吏録而懸諸門江蘇錢江者在粤不爲士夫所齒

當時以爲失待賢智禮遽肆詈局紳不可復耐乃言於官召而訶斥之所交多爲不平何大庚者浙諸生也爲婿於蔣文恪家嘗習申韓就院司幕工筆札則徐始至保純延主隨員案牘既而就駐澳道員易中孚幕病中孚爲澳夷誘弄將入省代英夷請釋夷俘先語則徐既而中孚果詣請則徐以是信之久於粵目擊府署幕之有與商人往還者慮有事必先洩於夷屢切齒裂眦言之懷平夷之策卒不見用每就江

語會夷恃撫日益肆粤中人有思倡義民挫折之而不敢逆行者大夷乃撰爲文檄袖示墳墳面稱其文詞實不意其遽鏤板而張貼之也爲江勸聲言將以十月集粤紳府校明倫堂捐貲召勇示夷以威時欵夷甫數月船未返國當事懼有中變訟是以倡亂拘江而戍之新疆大府遽籍自是粤紳無敢復言夷事後夷人不敢入粤城官紳受獎瑩與陸制軍書云廣東夷不入城官民同心也以如此可用之民前人不用而摧抑之 天語煌煌隱忍之衷一朝宣露從前殺伯麥之人倡爲文檄者當爲聲請可致書粤中

言及之否耆英既代伊里布於粵相與議定開市章程奏云
竊照廣東福州廈門甯波上海五關議定英吉利國
出入貨物應完稅則及與該國互市章程現經臣等
另摺具奏伏查盤征關稅既須先籌國計又當俯恤
夷情現定章程於國計夷情似皆有裨向來粵東粵
海一關辦理公事不免掣肘但查此後閩浙江蘇所
收英吉利等西洋各國稅貨皆由粵海分出以粵海
一關而論稅數雖難免於稍絀而統五關而計彼此
互相挹注必當較往年有盈無絀臣等督飭臬司黃
恩彤侍衛咸齡體察情形悉心籌畫期於粵海關不
致廢弛稅貨尚能充足並可絕沿海漏卮以整頓內
地各關之稅務酌議九條敬爲我　皇上陳之一
海關原定稅額應暫歸五口勻攤以免偏枯也查粵
海關每年應征外洋各國及內地商船及銅斤水脚
並額定盈餘每年一二十萬至三四十萬不等現在

既分五關通商則粵海關出入貨物必少若仍責令照舊解征勢有所難此後粵海關征不足數應請暫於福州廈門甯波上海四關所征西洋各關稅貨內撥補足數即由粵海關逕自擬撥其額外盈餘各歸各關儘收儘解一五口征收西洋各國稅額應請試行三年通行酌定以歸核實也查西洋各國貨稅本爲福州廈門甯波上海四關所無現在甫准通商其貿易之衰旺難以預擬稅額即難定准原海關將來能否征足舊額亦不能預定應請俟三年後察看五口每年可征稅銀各若干比較准額再將粵海關原額銀八十九萬九千六十四兩分款科算勻歸五口作爲定額如有盈餘仍以額外盈餘擬撥一粵海關稅貨款目應行刪除以歸簡易也查粵海關稅則除正稅耗羨之外尚有節次改正歸公案內各官估價一六算三八擔定頭總巡口擔規東礮臺口黃埔口扁艇號規及船鈔內之進口規出口規日規月規等

項正耗計款歸作一條編征總計均尚有盈無絀之銀節次之案內名目無論現在已未查明應請一概刪除免多糾纏一平餘各貢等款應於額外盈餘項下開銷以免無着也查粤關解部銀兩向有每千兩加平餘銀十五兩係按稅加收今既歸作一條編征則此項銀兩無從抽收請仿照解部飯食銀兩等項在額外盈餘項下開銷之例各歸各關劃解又每年應解各貢銀五萬五千兩人參變價約銀十萬兩上下均有洋商按貨抽算彙繳監督轉解內務府又有放關分頭名目亦由洋商按船按貨抽算每年約銀四五萬兩逕繳糧道衙門發兑普濟堂老人口糧及漢軍孤貧養贍義渡扁船水手工食䘏嫠口糧各項之用如有盈餘留備部撥現在英吉利國已議裁洋商倘各國亦一體議裁則前三項銀兩亦歸無着應請將每年變價參斤毋庸飭發其價銀一款每年以十萬兩爲率與各貢銀五萬五千兩一併在各關額

外盈餘數內劃開視各關征稅數以多寡均匀攤解其放關分頭銀兩每年於粵海關額外盈餘項下撥銀四萬兩解支糧道衙門查照原案分別支發其餘各國課稅仍須由洋商經理應由臣等體察情形另行酌量辦理一粵海關應酌留羨餘以各有用也查粵海關每年有應進貢稅及奉文傳辦將件運盤貨包札經由各關稅銀等項計算約需銀十數萬兩查應得羨餘均已歸入額外盈餘項下而一切均不可少應請於粵海一關即在卸貨關口納一關稅數再准貿易如有偷漏照例懲辦與各國商無涉其餘貨物悉循其舊海關丁書人等倘有藉口勒索許各商據實控告嚴行提究一內地各省販茶葉湖絲大黃紬緞不准外海載運以杜影射也查茶葉湖絲例禁多出洋近因內地各關勒索過多致有內地各省等行銷湖絲茶葉等項搭船載運內地各關稅額數因而暫短實由於此現定章程西洋各國應完稅銀

大有加增與內地流通商貨稅則輕重懸殊易啟避重就輕與洋船私相交易之弊嗣後除請販東洋等由洋進口貨稅與本地民間日用諸物仍循其舊外其有內地各省行銷茶葉湖絲紬緞正項准由內地行走不准涉海倘有情愿由海販運者即照與西洋各國貨物例一體先稅方准販運出口如海關則例內原有粗茶葉粗湖絲土絲等項名目全行刪除其臺灣等處所有應用茶葉絲斤紬緞等物由各該督撫體察情形各行奏明辦理一與西洋各國貨稅無涉之客貨應仍舊章辦理以免紛更也查粵海關江浙等省商民每多出入海口販運上至盛京下至廣東往來貿易其所運貨物除茶葉土絲紬緞外均非西洋各國所需無庸影射向來應完稅鈔各有定章相安已久所有五處海關無論大關小口一切章程悉仍其舊無庸另議一各項浮費應全行革除以杜弊端也查各項浮費於雍正乾隆年間改正歸公之

後旋又陸續添出更多於前已全行裁革如再有需索情事無論官弁兵役俱照枉法贓參革治罪惟粵海關差役並無工食向在進口出口貨物內由洋商按貨抽給於乾隆九年經前任監督奏明准其存留在案現在洋費裁撤未免令各差役枵腹從事應請查明照海關書吏之例核給工食由臣等酌定名數另行辦理以上各條係就臣等管見所及隨條酌議惟治法需人全在各海關監督深明通商爲撫馭之要領少取即所以多取之義廉以自持嚴以約束不稍逾越則中外相安海疆永靖矣

會墳以病開缺耆英代督粵恩彤亦來陳臬事相與委曲調停事事彌縫不使稍生釁隙番禺紳士潘仕成許祥光及鹺官皆嘗出貲造船甚固而未可出洋於是有

四省合巡之議當事不果用議云夷船在洋如履平地各省雖有戰艦從未聞有駕兵出洋攻剿之事故其駛行數省洋道如入無人之境其自洋而趨港也止畏內兵向前而拒不畏外兵從後而追銳意直進毫無顧忌屢勝之故端在於斯設使環洋經過之地有船可以堵截有兵可以攻擊彼方却退之不暇又安能飽掛風帆瞬息百里出沒超忽之若此其捷哉今宜創造堅大戰艦百艘艘各配以弁兵百人於廣東福建浙江江南四省外海水師營分各選精銳二千五百人多儲水食礮械以實之抽移內河陸路名糧補其空籍擢提鎮大員之有世功威望者別須 勅印爲四省統巡其屬仍以副將而下遊擊而上視官之高卑給船之多寡使分領之不隸四省營制之內西界越南東洋北抵咸京無論內外諸洋咸責巡哨而江南以西迄於欽廉尤不時梭織游歷每出以二十船爲一隊啣尾

聯行風訊既齊檣帆尺度又相等即相去遠近不一究可互爲聲援遇英夷兵船輪船審定旗幟不遽燃礮轟擊但隨所向緊躡其後設彼礮先發我亦應之彼船帮單寡我合隊環攻無不得志俟其颺竄內港而後從外擊入本地防兵亦聞聲自內迎出首尾勢難兼顧出路既已斷絕自可令片帆不留蓋大要全以尾追爲牽制而不專事乎交鋒始則出彼不意突如其來繼且步步牽纏層層掣肘以彼終歲馳突海面耳目間曾不見一外洋接仗之船一旦棋佈星羅舟師絡繹必將遲回却顧到處風聲鶴唳草木皆兵夷性多疑雖遠望商船檣帆亦將繞洋紆避其氣以周章而自奪其志以艱難而漸懈其力以衆寡不敵畏縮而頓衰而我方四集艨艟沿途相待兵分而巡防覺寬時暇而勢力轉紓又況猝至紛來縱有不肖兵丁亦將徼規不及則奸民接濟不戢自消人知去火在於抽薪不知添薪在於止沸事幾所在莫要於

此亦莫大於此效似緩而實無功似難而實易欲使
永絕根株不得不嚴施懲創欲使實受懲創不得不
重費銀錢永逸必始於一勞分防不如其合剿務令
化外頑蠢之輩曉然知此時　天威震疊邁絕尋
常未有不悔從前輕侮之愆轉而作格外涵容之請
聲靈四訖並杜效尤中外大防維持無極所謂一舉
而數善備焉者也密幾實斷今正其時謹備芻蕘條
陳以備採擇　謹按製船之法必先預籌款項擇產
木最盛處所招募善工設官監造閩嘉慶年間福建
剿辦蔡逆亦於額設營船外別創堅大適用戰艦提
督壯烈伯李公親臨監製故洋面安駛鐵梭使捉當
時督帶出洋與蔡逆抗衡雖亡命亦勢有不敵黑水
洋之役剿辦幾淨盡久著明效聞舊時得力匠頭多
有存者潮州李爵鎮少習海務匠作皆乃父舊人潮
郡密邇閩汀又爲產木之地予今歲七八月間在潮
屢與商及似宜就潮設廠責成爵鎮協以曉暢文員

當有成算可杜浮靡或招徠賈客使集越南洋木不半載即可運至齊備就近省河別設官廠徹閩省送至壯烈舊匠選熟習船工隨其指使但受其成法而不予以出納之權則並無弊可言即不然剴切諭運府二廠委員使知此次創辦與從前例修者大有區別亦未嘗不可得收實效也　夷氛已靖復修武備沿海議造戰艦

詔派仕成監之仕成因延佛蘭西人雷士壬造洋礮水雷以進粵人怨英夷甚見仕成家或飲諸夷不能辨何國也則鬨於其門從容解譬而後已廣州府劉潯出嘗杖雙門市民之未避前驅者行道訛言驟起

以謂府署藏納英夷萬喙如潮假虐責良善爲繇遽相聚而火其署擲物火中雖貴玩絲毫不取與夷館受燬時相似濤越後垣走匿藩署藩使傅繩勛素得民心出群婉語以夷例不許入城府署夷何所來捜而弗見宜各還曉之再始歡呼而散福州開市通商夷貨舟至相挈入省會與官吏通謁講鈞禮據烏石山之積翠寺爲廨舍設牙旗鼓角民甚驚擾常以深夜騶從入城官無如何其居上海者恃海道吳其幼

出夷館易而押之見輙呼其行次拜會不分旦夕與夫用中國帽而雜用五色爲纓緯以表異出入城門士民無敢以爲言者彼意以旣和好且與平行則不問城內外皆可聽其遊處如土著矣不知職貢諸國非驗貢不得入英雖列冠帶而貢無常期兩次貢舟皆由天津更無故事可援也惟廣東民習見暹邏越南必隨貢物乃入筵宴易冠服而出英夷無之以爲中外大防正繫於此凡夷有三五爲羣思進太平門

西門者兩城門去夷館近內城四門倘隔外城非夷可至守者輒斥之退民或遇見輒須刻聚千百人鼓噪其後必使其急遁返而後散太平門內外市舍櫛比城闉內日有設鋪售零物者守兵三四但駐所近平時門實無容足地也夷偶瞯往來人偶少遽闖進爲接門內爲狀元坊順德南宋狀元張鎮孫故里過坊不數武市民遇之大鬨夷舉所持鞭箠辟人於是萬手齊動幾幾拳下須事雖訴諸官衆怒難犯莫可誰何也舊制夷人以久

住夷館恐生疾病故道光十五年總督盧坤奏定許
夷商於每月三旬八日得往附近之花地海幢寺散
遊一次行則導以通事分輩出次不得過十人及申
即令返有在外住歇飲酒及出不以期或逾所限人
數或別赴村落墟市者並治及行商自欵成商裁後
夷衆益無約束往往挾鳥鎗或袖小鎗駛其小三板
或雇珠江小艇遨及四鄉遊泊遇村集樹林叢翳處
所恒登岸彈取鳥雀村民婦孺褎覩言語不通疑爲

嘲辱動至角口夷必以鎗擬之民畏之急走避如是者不知其幾矣夷難之作也沿江上下數十村去會城十里近或二三里者咸築閘設栅於其村口自衛夷登岸未之入則村民聽其自爲來去見慣亦不異也二十七年夏月英商駛舟至黄竹岐村村在城西上游去城頗遠有密林在村外夷相率竟入其栅婦女見而譁夷不知避反舉鎗以擊人頃刻閤村衆畢集鳴鑼將遞傳鄰近諸村來護夷益暴燥狀兇猛衆

一時憤激殺三夷舁屍沉村外巨河下石壓之而掩其迹其艇亟駛還以事報夷酋領事請酋英緝兇備抵聲言召香港守兵入火其村語多不遜酋英令其巡捕弁黃者華會南海令張繼鄒募漁人入淵起獲夷屍夷酋愈以被戕有據多端廹挾索多兇請交夷館訊辦時恩彤得罪鐫巡撫職徐廣縉新至慨然謂殺人償命法也然一命一抵法安可濫不能魚肉吾民以徇夷欲而塞夷責也乃召其村紳士訊致殺之

由縛三人出請
王命於犯事之地正法夷酋猶悻悻不服照會耆英
以彼國商不能不出遊倘他村亦復如是將何以處
非焚其廬舍不足以息衆怨杜效尤耆英尋以省紳
已自爲公函約諸村毋許妄殺後此永保無事復之
隨令府縣集省紳於大佛寺合擬函詞刻而遍貼以
慰夷心
當時紳衆咸集彼此推讓無肯執筆起草者
自巳至酉耆制府以人來催府縣亦促之至
再予乃起入丈堂率擬一稿言黃竹岐殺夷抵法事
毋庸議此後諸村落遇夷人在村口彼不犯民但止

放鎗捕鳥父老當各約束子弟勿令出與見面聽其自來自去萬一夷人率衆入柵以捕鳥爲名或至調戲婦女鎗傷平人者宜即將夷用繩綑縛就近送官訊辦勿聚加誅殺俾有藉口事後索多人抵命牽及無辜致官棘手適約諸村一律知照云云紳官咸以爲當座中一官閱之搖首謂此當非制府本意宜改云如夷有不法事且勿向拒許該村民立即赴官喊訴以憑委員來提赴公署核辦衆紳無語乎不得不前伸其說日當時夷既不法即指調戲婦女鎗傷平民等事矣一有其事村民勢必鼓譟衆怒驟起夷必拒護所相動手彼此轉盼致傷民衆夷少傷每在夷夷既受傷村民誰敢挺身赴官受責成者勸其縛夷送署勢已難從況令其任夷橫肆袖手旁觀止以一二父老報官聽夷行兇後從容以去此可以告蒼如木難之君子不可以強血氣方剛之村民子弟茲夷自入村啟釁於彼義憤所激衆怒難犯先勸其紳老

約束子弟不與搏力至萬不得已亦不可遽殺此爲黃竹歧事之遽殺受累而起人心尚庶幾可從否則函到徒滋口實而夷以既有公函臨時不肯受縛不至決裂不止轉失勸戒之意更轉失制府息事之本意矣其人亦首肯取稿以去

夷酋知紳士持公論亦稍知歛迹不敢再有後言矣英國自稱雄西海都但西河畔築宮蘭崙城外故宮之在城中者猶相沿未廢他國人至必導以入使遍觀焉以誇壯麗其俗然也夷酋來者每謂明明通商和好宜相信無虞詐尚何中外夷夏之可分故所至覩其城如戸闥獨粵城垣門與夷館

相距僅咫尺間轉不得一入時時訟言於耆英思彤始尚誠求繼兼責備閱時既久無復可以支吾蓋夷俗期約至速且屢不自知其瀆微言之又不悟兩人者日爲所促相與躊躇至再不獲巳姑許其一行燕會而預爲設備將假酬酢禮掩招入之迹以爲一而不再他日非因延請無緣自至有所商則仍出而就之權宜之舉不激夷怒亦堪以對我士民顧尚遲疑未有期日也二十三年六月省紳侍讀銜何有書老

成練達方以創董社學受奬有所聞爰集同志具詞
節院云聞聞夷將進城拜晤以此輿論沸騰不知
實有其事曾已約許否請率循舊章免滋衆口者英
亦竊幸其詞適至得有藉以謝夷也但以道路訛傳
初無成議大書揭而慰之
呈云竊以故老狃於舊聞羣黎安於習見故有異聞
必相驚詫遇創見則起猜嫌民情大抵然也我粵東
民蒙　朝廷厚澤深仁休養生息士農工商各執一
業高曾子孫與享太平舉凡踐土食毛無不尊君親
上矣查各國夷人來粵互市夷商向來交易而退各
得其所歷久相安但夷人到省向在城外夷樓聚處
國有典章二百年從無夷人入城之事舊聞習見婦

譌同知邇有道路傳言說有夷長欲進城垣拜會各
大憲未審果否輿論沸騰益既有拜會之名必將肩
輿儀仗鹵簿前驅民間聞所未聞見所創見震慴人
心驚駭耳目觀者定如堵墻所可信者各縣聯絡千
有餘鄉團練義民十萬餘衆均已撥歸各社各鄉時
勤操練嚴加約束斷不致滋生事端但慮省城五方
叢集良莠不齊誠恐潮匪宄徒猝然干犯夷人或不
相諒是致和好反至絲商耆等愚昧之見欲求循舊
章程定於城外齊整地盤或遞議事宜或燕會交歡
或綁排犒賞不啻行所無事似屬易便也恭維
欽差大人天潢一派贊化調元感德所加夷情悅服
凡經灼照洞見幾微耆等愚蒙原不干預公事但地
方關係一有所知不敢壅於上聞用是瀝陳下悃冒
瀆尊嚴伏乞俯順輿情查照舊典飭遵辦理則萬民
歌頌同荷生成矣制府批云查中外務在相安據呈
請循舊章以順輿情理極詳明慮尤深遠惟夷人欲

行進城之説不過道路訛傳並無是事諸紳素爲民望所歸可即傳諭城鄉各士民免生疑慮本部堂向以士民之心爲心凡有關係地方夷務事件自應熟籌妥辦也婉舉其事之可證驗民情者爲夷告而嘵嘵之來正未已繼請而繼却者屢矣因循又越數年酋駐香港三年例滿當受代返恥在粵之衆終未得請以入見外中國歸無以對居者在來粵夷中則已爲長自謂責有專屬也二十七年二月行將屆驟率其綠衣防兵三百偃息旗鼓從香港潛載越虎門入當時海疆安謐貨舟梭織虎門

大敵守者以爲運貨舟至不復查驗循內河趨經獵德礮臺梴舟臺側接踵而登出不意挾衆釘塞我礮眼澆藥水毀我礮樞守臺兵倉卒裝械不及遂聽其所爲迨把總梁定海擊以礮夷兵已一鬨還舟解纜順流西上甫至夷館不入即斷安瀾橋上下爲駐足地逐市人空其鋪舍而踞之耆英出詰以私入故則請廢館後通海之新豆欄道收拓館地既許而立堵之矣又請租河南地以建夷樓則當日初與琦善講

和條欵所嘗及者其後香港尚奉
諭停給所議已虛迫定和約准英國在通商埠地出
貲自與民間租賃建樓立棧但仍由中國地方官會
同領事體察民情擇定地基聽與內民公議租值內
民不得抬價掯勒遠人不得強租坐占以期兩情允
協盍願租則民自得利不願則夷當別圖強即起爭
必然之理也珠海南岸舊稱河南正對省城生齒日
繁不獨舖店民居寸金寸土即田塘棧舍亦與荒郊

僻岸者價值迥殊其人比屋而居非耕即農非商即賈自食其力自謀其生各賴咫尺之地為仰事俯育計又其迤西襄地沿水橫出與今夷樓隔水相望一旦租為夷有恐他日夾岸臨海築臺置礮勢成犬牙有事則來往帆檣西道頓形窒礙於民固有不便而借以截阻黃埔各國商舟設起貨入省仍勒其於此查驗復萌初得香港故智更有不便於諸國其南則地瀕河折由折處直下即為西南入省河之鳳凰岡

東塱鷄鴨滘一帶倘從洲嘴折處別築一臺即有以
握我西南鄉縣入省咽喉鼉岡礮臺雖設而無所用
河南四十八鄉紳老有識解事者早慮及此且夷之
伎倆久在百姓意中彼就款於江南之大飽慾壑與
在粵之伴還商欠皆事出已甚非百姓夢寐能忘之
事今因有此約令其舉祖宗百年世業流離播遷靡
所定止而拱手讓之所得幾何設令誘以租貲重利
亦將糞土視之萬無如意理而夷酋未識其情勢所

在誤聽夷館賤役及洋商工伴子弟之所慫恿遂一意卜居謂耆英爲經手立約之大臣總制其地我責官而官責民挾約而行當無不獲不復計及體察民情之爲何語更未能思及地未許租則所指爲抬價掯勒之詞悉屬無根隙莫可乘也況歲租每視夷旺淡西洋人之在澳衰敗之後租竟何如徒予耆英以所難貿貿强求逼人過甚於是耆英不得已勉派府縣官頻傳業主令議價值未到而聽酋竟以二十四

年四月初二三四日身履河南洲頭自爲丈量插旗誌界民見事在必行越日集衆雙州書院言出而髮指者數千人其老成者謂與其生端事後不如陳說事前乃以情理利害四端詳縷其詞投以公函斥其背約圖占之非書云竊以謀事必體乎人情作事當循乎天理而事之成敗尤須計及乎利害之重輕我粵東與貴國通商百有餘年彼此有相資之益中外無詐虞之嫌而貴國商民亦素以信義相交即千百萬之貨財一言爲定一諾不移從無失約背議之事此中國商民所以樂與交易而歷久所以能相安也迨至二十一年搆怨交兵以來貨物多不能流通商賈亦日見倒敗在粵商固多失業而

貴國之貨亦未爲得利且當擾亂之餘土匪借端爭奪小人乘機焚掠遠商皆受其累此前車可鑒各國所同知共見者也自宜各蠲宿恨堅守和約以圖補救共享太平乃近聞貴國欲勒租河南地方建造屋宇我紳耆始以爲此事必須兩相情願貴國素重信義斷不肯強占逼租今見我府縣官頻傳業主勒令議價且德公使差人竟於初二初三初四等日到河南洲頭嘴地方丈量插旗誌界於是各鄉士民大爲駭異初四日會衆集議於雙洲書院謂與其相爭滋鬧責我啟禍生端於事後何如先爲陳說辨此是非曲直於事前茲特將情理之可否利害之得失細爲陳之夫河南習俗非十三行可比也而河南地勢又非上海各港可同也蓋十三行與外國人居住有年久相熟習倘令河南創建洋樓必致驚奇猜忌彼此斷不相安矣上海係新開港口向無遠商貿易棲止之所且海濱荒地無礙民居故擇地租住其理尚順

若粵東近則有洋行遠則有香港居住則有新建之公司大樓貯貨則有現租之洋商棧房又何必貪多務得費此無益之巨貲乎況河南地方寸金寸土皆民血產該處田塘棧房鋪戶居民或藉此耕作以贍家或居此貿易以謀利甚或孤兒寡婦賴微息以存生或大族微宗設嘗產以延祀既不能褱族他徙又不能舍業別圖一旦強逼奪之以致流離失所謀生無地情何以堪貴國人素以醫人濟世爲心何忍出此此衆情之不能強其所難者一也抑吾聞之無信不立違約不祥查前次我官示諭萬年和約條款內載各國商民准其租地自行建樓立棧仍由中國地方官會同領事官體察民情擇定地基聽各國與內民公平議定租息內民不得抬價捐勒遠人不得強租硬占務須兩情允協等語今河南之地若云體察民情則衆口一詞不願出租矣若云公平議租則既未經願租開價又何抬價捐勒之有至於倚我大憲

之勢欺我小民之愚挾制逼勒必欲租得而後已又不待業主允議遽行差人丈量此非強租硬占而何所謂萬年和約者曾不及數年即思翻約背議試問當時書此約者何用立此約者何心我等士民偶立券契字據尚能久要不忘豈自稱英國堂堂之公使大臣而肯背此兩國永守之和約乎此義理之不容失信者一也且貴國商人數萬里航海至粵無非爲謀利而來耳貴國之所以獲利於粵東者利其民之相與交易也今欲與交易而先拂民之意人心不服於利何有凡人安居方能樂業守信始可通財今若不守信約恃強挾勢奪人之產占人之田固將爲粵商所疑慮而不敢重托貨財亦將爲各國所恥笑而不肯相與共事況夫奪則必爭爭則必鬬爭鬬之際商賈避亂而不前貨物停市而不售試觀近來生意冷淡已可概見是欲奪人之利以爲己利終致小利未見而大利先失此智者所不爲也抑且不獨失利

已也其害更有不勝言者夫衆怒難犯專欲難成今河南共四十八鄉烟戶不下數萬家其間賢愚不齊強弱不一心既不甘於棄地志即可激以成城若使強奪得地建造行棧則英商挈眷必於此往來貨物貲賤皆於此屯積竊恐出入而致磚石之相攻貯貨而致焚燬之肆害其能時時爲之防禦處處爲之設備乎是跬步之間皆爲荆棘鄰右之近盡成讐仇將以萬千之資建此地而不足即以百十之人毀此地而有餘貴國亦何樂得此叢怨之府生此爲厲之階乎此禍福之機甚明利害所關甚鉅不待智者而知也惟熟思而籌度之我等紳耆生長河南目覩民情有洶洶之勢恐致激變故不得已會集衆人將情理利害四端先行詳晰陳明尚祈轉達貴公使體察此情永守和約免致兩敗俱傷而謂吾言之不先耳並將此情節投訴於各國領事官及富商大賈請各國正人君子評其是非分其曲直免謂我 天朝士

民不知禮義即將來關事生端有所累及亦可知釁由誰啟咎將誰歸也倘不曲諒愚衷不採納正言仍然恃強硬占竊恐怨積日衆禍貽日深其身與家相依爲命者能不捨死相爭乎益前次構兵未之及民故民情未憤若此次貽害係與民爲仇故民動公忿而心甚齊此非我紳耆所能排解亦非我大憲所能壓服者也

領事方遲疑未肯收書而河南人已刻印四佈酋知衆議鼎沸非恃耆英可以威脅再往必滋意外也爰暫止河南之議更索租花地口之石圍塘其流弊一如河南洲頭且縉紳世業何可利動已廢然而返是皆已事至是遂以兵挾覆述前意劫以必從耆

英曉之謂倘緩其期將來或分任租值尚有可商愈廹則租愈不貲亦非爾利愈之且必激變正言以却顧英酋之來本以求約入城爲重實非有餘力租地不過假作引端而已故終之以定入城期請謂地從民出議租權既在民城爲官守議入權則在官非若租地之聽民自愿者比矣今西洋諸國咸謂我難入此城勢成騎虎不得其期則駐兵留此不復出蕃夷兵之來已數日人言藉藉不調集兵力驅之使去則

民心時刻可動動則酋與其兵皆粉齏壞約啟衅悉緣諸此而酋又崛強不可以口舌爭於是慨然與訂二年後予入城之約謂二年中以官調紳以紳調民至期庶幾可掃徑相待矣夷酋與訂約而後從容挈其兵還香港事定耆英杖定海而遷其官酋旣歸國則以入城期定告其王凡鄰邦之商於其國及其印度亞墨利加所屬之地盡以是鋪張其詞招其屆期至粵觀禮他國商之在粵者雖曉然於民志之不可

奪而明明有大臣期約在習聞者英爲
太祖皇帝天潢支屬協贊綸扉持節出辦夷務體統
冠諸大吏必有以動
上聽者粵民縱強悍而惟縉紳言是從倘
上許彼入城紳士自不敢異議百姓惟有隱忍究何
能爲以是信入城之舉之非虛語方將相約隨英夷
後觀其所爲且自以同一准市之國
中朝斷不忍厚彼薄此將俟英夷既入然後援以爲

請凡此皆諸夷意中所有亦事理之所必至也無如
耆英先期以在粤久奏請述職得
俞旨命以二十九年春暖來京擇正月行矣濒行請
以廣縉佩大臣關防權督兩粤而布政使葉名琛權
巡撫（未幾兩公即真耆相遂留差樞庭）是年兩載期屆二月夷酋以
文來請踐入城約始猶出以正言繼且煩絮操切堅
執前議勢不可止廣縉念中外大防在此一舉此而
不力爲阻遏他日將時以燕會至固無辭可拒是又

與福州上海等而密察民志城鄉萬衆無慮婦孺鮮有以聽夷之入爲當者縉紳即或面從亦必退有後言且夷假禮以來安知其不包藏禍心逞其平日詭譎之見或事後求地爲行署甚或臨時索所經官舍留其徒居之不惟亟生口舌抑且驟起兵戎就使聚兵設防萬不至有當時之失而大衅即從此開況耆英親自許之乃先時而去責其難於後人艱鉅之任惟志定足以肩之耳於是不俟徘徊已默定拒夷之

志及商於名琛更謂官民合心方稱同志無怫百姓以順夷理且民情若是其堅且衆夷一動則民頃刻生變勢難終日官轉無立身之地惟有拒諸城外縱有他故亦官與城爲終始其事實有把握已先單銜具摺密陳情形矣今我兩人和衷一志順民心以行之復何疑之有商既定廣縉乃先備內防自省河以東諸礮臺選擇將弁誨以方畧俾俟夷闖入沿途迎擊分繪要隘臺墩圖紙核其所有礮洞計一礮裝藥

施放洗刷移運應需兵士若干人使臨時各事其事是爲首班別預備策應者各如其數爲次班又別備補再策應者於後人數亦同爲三班塡寫首班策應及補策應各兵士姓名於臺圖所宜站立處令其各守位次寸步不移首班勝則已如一人傷於賊礮則策應者亟趨前而補其缺傷者散兵扶以下而所備再策應者又亟趨前補策應之缺首班戰久而懈或猝遇暴病則領兵之弁以所備之策應遞補直至三

班皆受傷盡然後聽其敗潰不復責戰所選儲礮位亦按臺洞各備三礮放多礮熱即令輪換先以圖使將弁選精壯軍士詳爲指示令知此次戰守繫一省官民成敗所關最重不特不能如往日見夷自潰積習但於派定立處稍離分寸及臨陣告退即自代有人亦按軍法並令一月前點定班兵開誠告以人之勇怯原出天性非可強抑自揣或至臨時葸縮未能自信或家有老親或尚無子息內顧不能無所繫戀

者仍准其預期請假事後許再充伍不罪俟其慨肯以身殉國對天矢誓情形踴躍又察其平素體健技精無他隱疾者諄諭以一經應命當自視其身已死歷詢不悔始取其切實甘結書名畫押保以親屬而後分班帶入節署親許以功成優拔死者官養其家於是憑將選弁憑弁選兵而驗於將兵將人人自請効命萬伍一心次第籌積軍資衣甲皆製備外郡封解軍局絡繹內運而省城民戶毫未知覺密飭中軍

副將召近城社學紳士假捕盜名令各歸團械聚勇俟撥分社延見使各不相知亦爲其各不相謀也（社學原議有事官爲調用給以口糧無事各歸耕農勇出自民隨時可備）布置既畢乃揭牌於轅以某日出閱虎門舟師時夷酋吱翰已代噫來駐香港數月矣聞廣縉巡歷海口思乘其出刼之於舟俾險浪驚心倉卒間必踐夙諾較以文爭易而不處再有遷延也則請臨其舟廣縉慨然許之夷舟方椗內洋隨行官吏咸謂風濤固不測且身入虎羣覆

其咥人之尾設有變將奈何廣縉曰若輩慮彼敢遮留我乎留我不有水師提督在乎因語提督洪名香若我留彼船不還可悉舟師攻之我自有處勿以我故遲疑投鼠忌器也言已欣然掉扁舟越重礁險澳乘如屋浪起跨登夷舶梯二十餘級至其舶樓從容顧盼旁若無人從官不得已羣隨以上風舟搖盪相顧皆股慄無人色吱嗡握手延入艙後免冠爲禮遂杜其門隔從官於門外厚設機一却即閉堅牢如壁

不可復啟廣縉談笑自若文翰袖出所陳事數款率貨稅之瑣屑者求面爲許允廣縉隨閱隨舉其不中理者手指口駁索筆而删之文翰下氣低聲固固乞請廣縉固却之色頗莊厲侃諤開導至良久聲琅琅徹艙外從官聞來悉所稱欲入不可僅逡巡以俟最後忽更端迴言中國許我入城兩年前約以今日今我國諸凡備具專候示我期日請必定期而後返廣縉日耆相之許爾在我來粵之先我來未奉

詔諭何能妄予爾期且百姓之不肯聽爾入原執千
百年舊章爾在此當有所聞億萬同心我更何能自
主是當以吏情民情兩相歧異之故入告
大皇帝請
旨我爲擅吏必有所遵奉而行今爲汝由驛馳奏則
可私予爾期則不可有
旨即有期不得
旨期將誰出爾宜少安毋躁也吷嗡間批摺還當在

何日遂舉由粵達都往返常程約畧告之吱𠹭以為緩願自備火輪舟出粵洋抵津代遞廣縉哂曰奏摺拜登

本朝自有定制沿途所過關津驛站各定時刻皆有專官處分綦重安敢違制以進呈請

旨重件輕付外國權譴責且汝舟近日亦安能逕至天津乎爾居粵地一切當遵

天朝法度勿率性生事可也吱𠹭語塞即送出仍下

小舟騎浪還虎門越日來報謁寻之食食次囁嚅間
再欲有言但諭以靜候
旨意語不及其他旋省直陳其事夷酋自意事有成
約者英方在朝當陳明在粵訂約緣由計無不得請
即未遽允亦必命督撫酌量現在情事以定可否我
請已堅微露強入之意
大皇帝縱不欲逆民志亦重慮失信遠人有
旨令粵官自定官又何詞可以郤我故自陳請後不

復喋喋但自爲數日計程盼摺迴如望歲稍逾往返
期程三二日即令其副兵目日贊臣者輕舟私入夷
館探聽消息及奉到
綸言大意以爲民心即天心在彼重譯來斯更不宜
與民頡頏念萬里貿遷不易官吏當隨時爲其保護
貨物紬繹
聖謨蓋有萬民一體四家一家之意非臣下所能窺
測更非外夷所能議擬者矣

旨既宣布夷始知
上意其國商人一時敗興有轉咨吱嗡不如噫之一
請即許者有追咎噫當時從兩年約不能隨許隨入
致爐竈另起者而他國商因亦從旁以爲笑柄徵詞
諷激之於是夷酋文再至責中國信義之邦不合反
覆若是更爲危言相挾意殊悻悻廣縉至是正言答
之曰曩者江南議和後中國重信義凡夷船之經我
口岸者聽其出入不復詰查阻禁蓋設誠相與也著

相親主和議初不料爾國前兵目之潛載卒械掩我不備毀礮樞而塞礮眼也其時兵不及調礮不及易爾兵深入據橋阻過行路民情驚駭瞬息便釀禍端乘和局故酌量緩急輕重不得不權宜約以年分許以入城使爾兵目如願而出以保和好於未艾是信義之失爾國先之而反以責人乎者英之奏請

陛見實逆知民心之不服舉國胥無異詞不能爲左右袒也夷得報已辭窮則又強詞以辨謂事必自度

可行而後許許則必踐方成丈夫當我兵入時爲數無多何難一戰戰不敢而後許我許而復背中國他日何以示信於人我今日又何顏以對他國不得不率我兵商一擁而至且聞省中方團練壯勇皆董於官旣慮抗官匪徒出而拒我何不卽分所練勇拒亂民而衛我入耶又答以民情所在旣屢舉相告今民自團練實維汝故而猶嘵嘵不已反欲爲疆吏者率民拒民背理逆勢愈言愈遠此後不必更勞唇舌請

郎挈爾兵入我爲粤大吏當四開城闥以待爾其試之郵牘凡數返輾轉辨論端且百出當是時自上冬迄三月會城粤秀書院監院刻印公柬延集越華羊城二院同事暨城中在籍紳士許祥光等及內外城以遞河南居民鋪店按其街約尋以規程會城書院粤秀最先越華次之羊城又次之先是柏公爲觀察令三院監院勸民自爲守衛彼此觀望未之動也迨事急焚門底鋪民羣至粤秀謂闔省人士所萃責以倡首會院長南海何員外文綺養疴里門尋方爲正監不可辭乃印備柬啟數萬會同監院順德羅教授家政南海譚訓導瑩靈山仇訓導乾厚順德張學正應秋番禺

丁敎諭熙先期使院役分投銜約送以章程偕番禺候選道許祥光候補同知禮光候選郎中金菁茅候選同知沈光國香山候選員外鮑俊親詣諸紳約一時響應分期以勇數來粵秀報予約兩首令以夜校閱備其心燭中間羅下鄉未旬返仇丁並以送試去沈亦及半以事未至偶會閱粵秀令役分延諸紳役以夜不及遍請是夕惟予在徐制府偵知之令易太守召諸紳紳謂不能實力則事敗予遂以羅查南海神廟工不過一日即選張譚皆世居西關其地人衆非土著紳士不可勸故分段去非有他也丁居城西北其地多幕客長隨所寓已約其送試速還彼處出勇宜在後必無貽誤太守以予言覆乃已九人者皆不辭勞瘁故民情踴躍南海候選郎中伍崇曜則以熟悉夷情事藉探報當時從制府出虎門事定許伍得
旨給三品銜先選八人得
升銜先選仇沈外獎有差

勸家自出丁設械爲拒

夷入城之備須期分詣諸街約剷切與商一時雷動雲合自老城而及新城新城而及四郊河南人亦創隆平社學同時響應地大者至數千人少亦數百按日分期自具所練丁勇名數柬報粵秀隨以其夜延官紳同集其公所壯目帶令籠燈執械分隊以過越日官出炙豬水酒奬之自城内而城外遂及河南以次校閲旬日間得十萬人有奇內城雙門底上街陳廷森蘇蔭清同督帶四百四十人下街劉聯芬蘇滄同督四百三十六人惠愛街四約沈維鏞督百十七人惠愛五

約何定海何榮芳同督六百七十人　六約泰督
百六十人　西七約黎承恩葉文卿同督四百十人
首七約吳廷槤督百六十人　東七約鄧龍光督
百人　西七約冠世隆督九十三人　八約陳彬英
李秀蕃同督五百三十人　九約易杰督百八十五
人　東九約譚聘珍督二百人　十約張俊督百又
五人　南賢坊西首約羅家驥督九十五人　東四
約歐陽威督九十五人　二西約湛慶督九十五人
賢思街甘國權督八十八人何佩仁督百六十二
人　大佛寺前東西約黃芳華督二百十人　龍藏
街單亦曉督三百四十人　馬鞍街月泉南首二三
約吳樹楨黃錦濟同督五百四十五人　北約江兼
三督百八十人　九曜坊彭昆明督百七十人　西
湖街何瑛督二百九十二人　早亨坊楊光耀督四
百三十五人　早亨坊東李猷督百三十人　孚遇
街劉錫芳督二百六十人　四牌樓六約唐聖功陳

國忠何廷標李耀祖李望爵黎安邦同督千六百十人　魁巷簡憲督九十三人　惠福巷鄭世榮督七十三人　厚王巷何澍督二百三十二人　正南街陳沅英督二百四十人　二牌樓曾湛恩督二百二十人　東岳廟前段桂清督二百八十五人　天平街丁燾督二百三十人　東約曾昶修督百人　北約鄭廷銓督百人　狀元橋方振宗督二百六十四人　善慶坊陳煥章督百有三人　黃黎巷何金榮督二百五十人　大塘街中約朱瑩督百一十人南約歐陽騶督百八十五人　長塘街北約何敵中督二百二十六人　南約廖汞墉督八十五人　德政街南約甘國寬督百三十人　北約林長清督百五十人　西約何獻圖督百三十人　德政橋中約黃昇安督百一十人　兵馬司街邵朝安督百三十人　承恩里蕭月恒督百二十人　新城內南門直街張國權潘國正同督四百二十二人　東橫街東

中約李春蕃崔兼同督四百八十人　西横街上下約麥逢秋梁英督三百六十人　仰忠街李朝華督百二十二人　東約陳國滔督三百人　南約李文聚督百二十人　高第街中東西四約陳習龍雷鎮玉胡敬之陳肇芳梁贊功胡廣琦吳國鋭梁應時同督千九百八十四人　小市街衆約張逢熙鄧正華胡殷清督八百五十六人　正市街陳廷桂督三百六十人　一德社劉鴻陞督三百十五人　五仙門内西約楊裕景李榮邦同督五百十人　東約周士超督百八十人　大新街十八約朱德均鍾俊鄧秀揚翁子珩翁珣李紫堂李如瑛同督千七百八十六人　元錫巷吕泰來督四百二十人　玉子巷何應堂郭榮光陳松威同督六百二十人　白米巷梁國恩翁玲同同督五百有七人　華德里黃紹光孟智祥羅玉亭威廷桂馮揚廷同督千五百八十二人小新街彭朋川謝進高朱福康李式光翁遇安同督

千三百五十人　濠畔街衆約何瑞忠梁汝文李錫榮陳元惇咸沛霖楊廷璣同督千六百人　賣麻街戴英元馮經謝逖衕同督八百二十六人・聚賢坊黃仕元督百六十人　木排頭梁有容陳宗植督四百三十人　三府前謝緯然胡剛常同督五百二十人　水母灣陳明澤李冠榮同督五百八十人　文賜里劉汝順督二百八十人　五顯巷吳樹德督二百五十人　太平街伍汝敷督四百三十人・舊部前街楊垣督二百九十二人　聚賢坊馮楨督百六十人　青雲直街譚朝恩督二百三十四人　定安里胡開業督二百八十五人　敦睦里談振盈督四十人　眼鏡街林顯瑛督二百八十人　狀元坊馮文藻陳作楫同督五百三十人　清水濠張普霖廖鴻源同督五百人　城外東門外正東首約鄭文藻督九十人　東賢里白崇韜督二百八十五人　得勝街香宜吉督三百九十二人・越秀馬草步街李

東界督百七十人　長庚里蘇福祥督三百四十人
榮華坊洪國俊督三百五十人　元運街李能善
督百八十人　豬欄黃幹才督三百五十人　東皋
街黎榮芳督三百四十人　海旁街陳銘勳督二百
十人　小東門外永安首四約陳國楨雷頌廷同督
四百二十人　永安橫直街梁敬寬梁鴻基同督四
百六十八人　三角市黃敬之督三百二十人　鎮
龍坊崔廷高督三百八十人　元運街中約吳逢登
督百八十人　築溪衆約梁榮景何燦信同督六百
五十人　芷溪衆約梁殿光督二百五十人　小牛
紗邱鳳麟督百五十人　珠光里何應棠郭泰光陳
斯威同督七百五十人　珠光里牛約崔榮督二百
人　三聖門何啟泰督二百五十人　龍王廟八約
陳仲瓊潘大彪岑燦堂黃俊輝袁朝元李時澤李仕
川黃銓朝鄭瑤呂震淳張饒勳同督千六百八十八
人　前鑑街劉紹昌督四百七十六人　海旁中約

何學亭督二百人　海旁東街胡結清督百三十人
西約　督百二十人　永清門外永清街蔡
邦常督二百六十人　東石新街戴恩督百六十七
人　豆腐巷增沙太平沙鄭大勳黃庭椿李裕才霍
仁威孫世祥同督千二百九十四人　倉前街彭鑫
如督二百人　中約奈雲階督二百二十五人　南
約趙宗方督二百人　西約招煥輝督百七十八人
壽康街東南約翁仁墳梁泰同督二百九十人　泰
康里伍榮茂督二百三十人　石基里馮聽督二百
五十六人　東西約洪正魁督二百五十六人　永
祥坊衛浩驊督三百十人　西門外石岡街梁炳華
督二百六十七人　源勝坊馬應元督二百人　第
四甫彭文雄胡景修同督四百九十人　第五甫南
北中約曾國良楊應春同督五百五十人　第六甫
梁蓮超督二百四十五人　第七甫甘汝良督三百
七十二人　第九甫尤懷謙督三百八十人、上九甫繡衣坊廖彪李天驥同督五百八十人　下九甫歐陽楨梁國泰同督四百七十八人　第十甫馮清揚伍花驄梁國璿沈成安崔鉉光馮陞同督千四百八十人　十一甫楊作權龔仲良同督千百有二人　十二甫東中約左康祺朱任良鍾立誠同督八百十人　西約陳鶴清督二百十人　十三甫葉逢春潘凝暉同督五百有五人　小半甫馮慶良督百一十人　十七甫陳毓桂謝際安黎建威同督七百五十四人　叢桂叢秀坊南二約馮家樹督二百三十人　叢桂太和里潘應颺督百二十人　叢桂大巷黃則昌督百一十人　湛露巷李崇基督百二十人　西陰里鄧廷安督百一十人　叢桂元和新街梁岳光督百二十人　和睦里蔡德輝督百一十八人　淨溪約李文炘督百一十人　叢桂新街徐澤霖督百三十人　南約關暢時督百八十人　叢桂之南廖賡督百五十人　叢桂黃沙鄧觀光李錦華同督

五百有三人　叢桂椰波頮金劍督百五十人　叢
桂恩寧西約蔡伯彤督百五十人　橋東西約黃文
超督百二十人　蓬萊新街簡熊飛督百三十人
東約梁傳基督百二十人　太平門外天平街區昌
俊督四百三十五人　清平衆約胡鑾輝何秀林張
清蘅盧俊華興啟何成業歐陽緒同督二千一百人
朝聖門街蔡天衢黃東揚同督六百五十人　長
壽前九街李光鵬等同督二千二百九十三人　長
壽里黃兆蓉劉康泰同督五百九十人　寺前街潘
會蓀督二百人　打銅街李春華黃國成林守憲李
耿光陳榮同督千四百五十人　欒欄街潘有培陳
純輝鈖慎榮胡錢梁閬華同督千二百人　十三行
峩蕃芳督二百六十人　聯興街衆約李俊峯蒲希
顔何恩普馮驥同督千四百七十人　寧蓮坊關敬
修督二百六十人　福星里鄭惟督百二十人　仁
安里陳光劍督百四十人　德星里黃子權督二百

七十人　新勝街陳信彬督二百七十人　廣華五約蒲艮粥余德芳何耀南同督八百八十人　同安街郭應元督二百三十人　彬木欄黃來泰督三百九十人　新基七約梁今葆鄧榮耀吳德昭同督八百十人　萬鍾四約林祺何瑶黃承恩伍覲光同督千一百七十三人　清平中約馮近光督二百十人　靖遠街　范宏禹督二百十人　故衣街盧紀常督百七十人　大寧街陳尚賢督二百二十人　白糖街賴貴濟督九十五人　同文街嚴應昌督二百五十人　油欄門外七約馮濟美李福恩等同督千八百九十人　穀埠王琨督三百四十人　樂安街梁浩光督百五十人　迎祥東西約何呂東督二百八十人　安瀾街王敬督三百九十人　鹽亭首約李成長督三百七十人　潮音街劉天球督二百五十人　潮興街潘廷紳督百五十人　瓊花直街李太昌督二百五十人　吉星里黃炳光督二百五十人

賢梓里鄺容光督百六十人　靖海門外東首約林鴻泰督二百人　吉昌街黃河瑞督二百八十五人　五仙門外會仙街霍齊標督三百二十人　龍慶街雜織昌督二百七十人　河南龍溪七約潘正理　王尚之陳錫麟程國泰梁今榮同督九百八十二人　白鶴洲敘珠東市張日宣張國經同督六百五十八人　廿四鄉梁作舟梁掄冠黎梾材植振德胡樹棠區鑑清胡和德梁金謝俊勳李明上同督九千七百七十八人　南田區國鏞鄧暘暉同督四百四十人　洗涌梁約梁東陞周爲泰同督四百八十人　洗涌西約崔福賢督三百二十八　東約歐光大林應春同督四百四十人　龍尾導街梁威連督百三十人　東西南約劉廷鉞督二百二十八人　溪峽東約張成貴督百三十人　南約李宗泰督百八十人　西約楊蓮榮督百八十人　官渡頭梁名世張業隆同督五百五十七人　鰲洲東約劉奕榮督二

百十人　西約何潤隆督三百人　鰲洲外街何汝
成督二百七十人　永興社馮漢儀督三百八十人　福
　福仁里霍衍祥陳士清同督四百八十七人
麟社梁章覺督百一十人　蒙聖里東約鄧信中督
二百四十人　西約孫遇庭督二百四十八人　聚龍
社杜瓚亮督二百三十人　草芳村鄧懷玉督三百
有六人　蚕科鄉林聯芳督二百二十人　太平坊
何潮清督二百六十八人　百睦坊梁萬感督百人
雲桂鄉謝再藤督二百七十人　南岸東約麥穗
芳胡龍安督三百四十人　寶岡鄉李鴻發區朝俊
同督五百九十八人　福場里冼兆鏞督二百五十
人　福場外街徐應科督百一十人　廠前街羅錫
彤督百一十人事後皆給以頂戴其疋頭行無何與
夷售呢羽者洋商未撤夷呢羽至則按其行之有力
無力而分其受貨之股交厚者夷則多其股以私之
而買茶歸亦即按其受呢羽股分故商皆媚夷以求

多分其股夷亦以此挾商由來已久洋商裁後所至呢羽皆歸鋪店無高下其手之病於是殷戶多作呢羽生理棉花亦為洋貨入口之最大者銷行廣則貲亦厚兩行方據夷利自入城議起兩行自行聯約停止不入夷館買貨數月以來夷貨滯銷以責孖氈孖氈者民夷交易通夷言之經紀兩行招之於店使入議貨值者也當時孖氈語夷商謂入城與否官主之非貿易家所宜干與惟慮城內外出勇旬日至十萬勢必釀成事故則貨不能轉售貲本將無所歸非以停買相為挾制也疋頭行之胡光鉅杉桅材棉花行之梁維翰朱正祥亦集丁隨衆勇以出同受獎

當勇之夜出也四城燈燭照燿殆同白日鑼礮聲聞十里首尾凡十旬城西之密邇夷館者登層臺四望瞭在眉睫其稍遠者若新城

以內若河南南入村落平視阻隔之處夷設巨鏡高擎而倒影之火點如亂星諸夷結舌不能語戒館役黑夷未黃昏即自閉前後戶市肆暫停交易諸貨既騣壅不行香港微有所聞猶未暢知其事知亦未盡信也迫副兵目以吱嗡意入探夷館舉所見告會紳士恐夷酋尚未深悉利害頓成糾結集繕公函語以民間設勇事使通事齎書至領事所令轉致吱酋適副目入探時方同集舊洋棧領事正寓其鄰處書詞

至彼不克暢明曲折，卽令傳語領事將親至曉之令
勿先避領事迎入招副目圍案而坐遂悉舉今昔情
事之不同者正告焉副目領事並唯唯夷樓臨海凡三間中爲客
座兩房皆役居之後爲卧室卽公司來撤時大班二
三班所居以理貿易之所也今領事司稅於此時同
登者七八輩領事接入有握手爲禮者予但逕揖之
辭亦一拱而行初至各尚齒圍桌而坐領事偕副
兵目及一幕友三人雜坐其中出茶敬客次葡萄酒
次則捲葉於紙不筩而吸者彼稱孖姑烟是也稍久
則或起而閱所陳器三人惟副目不語中國官語餘
二人皆能爲北腔頗熟幕客者畧通華文而不甚了
了出紳士所致函招伍觀察欄邊質問其所未達者
函中有不可激成一語誤以爲攻擊之擊疑云以兵

攻彼伍徐舉以水激石義語之頓楯壁上懸三鏡一
蘭崙圖一論偷三花橋圖一則厦門圖也當幕客與
伍欄邊問答時二夷在座予察其詞色溫平指蘭崙
圖問領事謂爾王有城不居而爲宮室於外以爲不
恃城衛殊不知宮外環以礮臺其畏人攻伐不視城
更甚予彼笑而不能答又指三花橋圖曰爾國既賣
水收稅於民設中國亦有此則此珠江皆銀海矣領
事轉述以語副目繼問予何以知之予曰五大洲皆
在域中近事不知尚讀古書耶因指厦門圖曰設當
時仍守舊礮臺爾國何從入此不過一時事耳不能
觀爲常局即如入城之事似乎先有約在而紳民意
中並以前兵目先不宜背約私入擢兵致多40欽差
大臣不能不許是成約彼此皆無定則戰否亦無定
矣今香港綠衣兵與護貨兵皆非肯戰者爾幸兵少
倘兵多遠挾之入則殊失紳士意 副目出而吱嗡請
矣二人不覺點頭而終亦無語

自後停止入城議之文亦至奏入
聖情大悅
諭曰夷務之興將十年矣沿海擾累靡餉勞師近年雖屢臻靜謐而馭之之法剛柔不得其平流弊以漸而出朕深恐沿海居民有蹂躪之虞故一切隱忍待之恭小屈必有大伸理固然也昨因英夷復申粤東入城之請督臣徐廣縉等連次奏報辦理悉合機宜本日又由驛馳奏該處商民深明大義捐資禦侮紳

士實力勵勤入城之議已寢該夷照舊通商中外綏
請不折一兵不發一矢該督撫安民撫夷處處皆抉
根源令該夷馴服無絲毫勉強可以歷久相安朕嘉
悅之忱難以盡述允宜懋賞以獎殊勳徐廣縉着加
恩賞給子爵准其世襲並賞戴雙眼花翎葉名琛着
加恩賞給男爵准其世襲並賞戴花翎以昭優眷所
有粵省文武各員着徐廣縉等擇其尤爲出力者酌
量分別保舉候朕施恩至我粵東百姓素稱驍勇乃

近年深明大義有勇知方固由化導之神亦係天性之厚難得十萬之衆利不奪而勢不移朕念其翊戴之功能無惻然有動於中乎着宣布朕言俾家喻戶曉益勵急公向上之心共享樂業安居之樂第其勞勩錫以光榮毋稍屯膏以慰朕意欽此時將軍穆特恩副都統烏蘭泰託恩東額水師提督洪名香粵海關監督祥麟並以合力同心各盡其職照軍功議敘粵中紳士候補道許祥光歸新班即選候補郎中伍

崇曜以道員選皆給三品頂戴員外郎金菁茅鮑俊
並以郎中選同知許禮光儘先選書院監院教官梁
廷枬張應秋丁熙各給內閣中書銜羅家政給五品
銜家政應以子貴覃恩封太僕卿以方服官不受封故請五品銜餘各就原職加
獎有差督帶城內外河南壯勇者三百七十三人皆
咨部獎有職者遞進一階無則給以九品職巳酉同譜錄序
云葢閭同仇偕作義著聲詩達茹彙征象昭大易自
來縉紳筮仕録誌同官所以示共事之緣即以寓相
維之義至若士流登進首重初堦同案同房各存譜
籍不獨鄉會科之同年叙齒貫閥綦詳沿及後嗣稱

謂攸資交情互倚之通行宇內也他如歷開事例名目懸殊然甫截卯期亦必次其後先都爲一帙者益彈冠相慶聯步齊登取便檢查不嫌蛇足由斯推類悉數難終刱以事關中外之大防　恩冠古今而特異如我等今日之同受品秩一視同仁者使不爲之記其緣起列厥芳名將永矢弗諼之謂何毋乃怠忽承之乎當道光二十九年二月夷人之申請入城也事則違例而成約是循文牘要求萬難自止惟是撫之巳成大局彼謙以禮至未可遽詰戎兵勢處兩難倘當事稍一依違即巳大拂民志且果聽其窺我郛郭優我城衢恐變故猝乘雞犬厥後院憲徐葉二公知衆心之不可棄夷情之未可徇也躬臨海澨誠諭而嚴拒之至再至三足以奪其氣於是粵秀書院肇發柬敬集紳賢商議條約普勸城厢內外以逮省河之南使各就各地各選各社整械明燈自巡其境不假招募不領經費旬日之內如響斯應如轍斯

台一時得十萬人夷館耳目切近始而駭繼而畏終
而服而後貼然受範市易相安事遂寢息大吏以
聞　成皇帝聖心嘉悅爰沛懋賞給督撫以子
男世爵宮紳獎擢有差恭讀　恩吉我粵東百
姓深明大義有勇知方難得十萬之衆利不奪而勢
不移朕念其翊戴之功能無惻然有動於中乎着該
督等第其勞勣錫以恩榮册稍屯膏以慰朕意欽此
在籍等此舉念固因公亦期自衛當時曾蒙官犒獎
許伐石按地作六坊紀其名姓此心已云不負何圖
聖澤優濃有加無已大吏善承　德意
廣予褒嘉在事董率者給以一命之榮原有品銜則
遞進一階三百七十三人各頒以印照恭錄
諭旨冠其端將以所獎入告且籍送大部存之人人
共沐　洪施時時難逢盛典使義問延於後
嗣榮聳達乎遐陬與　國同休永永勿替伏念我等
幸際　天威肅將海邦安謐之時一介編氓濫邀

冠帶洵爲過分允宜聯列名姓附以鄉貫里居三代仕履勒爲一編各藏諸家垂之永久庶使他時顧名思義敬誌不忘是用滌毫將受恩始末敬書其簡端

是役也海內智勇之士咸歎繼者之無所措手而夷酋自謂詞直理順亦更不作絲毫將就之想以爲百姓雖衆若抗違官命即屬叛民粵民斷不肯出此故始終責樞紐於官且自香港登岸以入虎門既無所阻此外即非所慮況官畏生事勢不得不衛以兵旅百姓其如官兵何初不料督撫之協力同心有以感紳民之速之深一至

於此宣

旨後已不能斤斤責於官矣倘其始終不悔則入者
不旬日必片板無存此時亟圖自全之術惟有退居
海外知他國之以恥矣見激實速其禍棉塞兩耳庶
不致並香港駐足之地亦遭折毀帆靡湘轉尚見知
幾蓋當時新安先設有社學九龍附近尖沙一帶貧
民向以牛年石米濟夷不過利其厚值而久矣若其
暴戾積怒者深其春已自為團練將俟夷衆一離香

港驟起殺其寥寥守者毀其樓舍付之一炬夷入虎門一步方爲百姓所拒入內河愈深見拒愈衆萬不暇外內兼顧事幾捷如影響若數計而龜卜焉然釁隙從此復開雖快意一時究非謀國之善不如其自知之而自止之

國威以是而伸

聖心以是而慰馭夷操縱之方以是而行尤爲美善並臻之道是可識方隆之

國運耳

論曰當夷事初起民謠無端自城遞傳鄉曲七字爲句多離奇難解有曰寅虎之年定干戈者其後果以壬寅歲歟豈天地劫數之一定不可逃者乎自虎門陷夷接跡省河所求率悖理叠出市斷商舟皆載兵至以日而增甫撲廈門知不可久則巢浙之甯波又以餘力攻乍浦緣是以突入長江其勢甚兇其志甚銳兵隊皆出雇募酬貲重而驅策嚴火器又爲西海

數百年長技我軍之比不盡關武備之廢弛與將帥之無謀也林文忠理海事首先至粵旋秉節鉞所徵者粵兵所籌者粵餉但一意嚴守口岸使籓籬自固臨海門而激厲之衆即爲用終其任未嘗有所挫失論者遂謂文忠倘獲始終其事必能令桀驁之夷叩關悔罪由我操縱畏若神明爲此說者誠有見文忠聽達諳練集思廣益視國如家兵旅所過文戒預頒村市秋毫無擾及遇敵臨陣又教以成法人人爭先

其忠勇之氣早有以懾服遠人推誠士卒夫是以信
於事先萬口同詞耳不知夷意主爭市佯利傾國以
求嘗試先定曠日持久之謀不得逞於粤則肆毒於
閩浙粤能阻其入不能阻其出省河內擾之日文忠
適奉如浙之
命夜送諸佛山方且臨别欷歔歎洋氛不知何時可
了益至是雖文忠亦無如何矣然夷之伎倆全在恫
喝以取虛聲兵食資於商人貨滯則商無所出船愈

多而費愈重漢奸雖有供火食者究非可長恃往往重子息假諸澳夷不可得以禮拜日責捐於商有僅應以數員者明明勢已窮歲久將益乏文忠刺取其新聞紙與月報洞悉其情持之頗堅既而事起波瀾猶深扼腕果使粵中無六百萬之與帆航鱗集售烟爲食所得幾何曷敢他出縱至浙至江何能爲且亦斷不肯以空虛難繼之貲深入南北適中進易退難之地者鄭成功之冒險一試轉瞬而舍舟逃命彼獨

無所聞見乎況粵議欵時佛山礮已鑄成所未備者船械而已戰於外海必求巨艦今旣層阻深入盤桓內港東南洋商船之在省河拖風繒艓之泊陳村一日可招者以百十計倘移欵夷之力以收召漢奸嚴備守禦此中良有把握卽不然以堵河設勇之數百萬與泥城編紮製造之物移諸戰守明罰厚賞背城一戰未嘗不可驅夷於海外顧大用所在非文忠無見及者惜乎其去之稍速也琦侯之欵夷也所許數

與粤他日同而前之欵無他省之累後之欵開他省之端從後日欵於江者而兩兩較之不得謂琦侯鹵莽而許之先見之明所不能解免於衆口者天津初接無所持以折服諸夷之膽反以粤事辦理不善為言適足長夷驕而啟夷侮迨抵粤又取所備一切而盡裁之事事務與相反而卒為所挾至此然後知夷之詭詐出意計外自怨所請有因而不見信於
君上不見信於粤民至於匹馬單騎赴

萬壽宮怡中丞邀而返之其志可悲其事可諒然而晚矣臧孝廉之伏勇散戰施於近海水陸是即予四省造船抽兵以尾追爲牽制之策彼用於內河此用於外海用於內河者勝在一時用於外海者利在久遠夷所以輕我舟師之故以市粤久耳目所及知師船例造限費監修者復從而減剋之弁兵畏風浪沙礁心膽先怯不能駕駛如履平地一旦使舟如馬梭織相遇彼方借商舟爲兵船長短異度勢必孤行見

我聯艅安得不懼而變計哉廢然而退匪直一時之利而已祁敏肅公調寻於潮以告養入辭謂寻𩞄者心多妙盍告我今茲所亟退卽以是陳善而不用未幾

廟謨果有船政之舉假使當事於奉

旨飭查少卿金應麟監生方熊飛請造之便合四省通融製造派令巡洋不必購木越南恃捐紳士已得一勞永逸之計矣今天下非無講求勝夷之法也不

日以夷攻夷即日師夷長技姑無論西夷同一氣類
雖日爲蠻觸爭而萬不肯爲中國用也就令樂爲我
用而一舟之費內地可調兵數千敗必索償勝更求
無底止終難以善其後
天朝全盛之日既資其力又師其能延其人而受其
學失體孰甚彼之火礮始自明初大率因中國地雷
飛礮之舊而推廣之夾板舟亦鄭和所圖而予之者
即其算學所稱東來之借根法亦得諸中國但能實

事求是先爲不可勝夷將如我何不然而反求勝夷之道於夷也古今無是理也雖然服之而已矣何必勝

夷氛聞記卷五終